JN152940

〈明治から昭和まで〉

日本の英語教育を彩った人たち

外山敏雄 著

大修館書店

まえがき

四十年余りの英語教師生活を終えてから、かなりの歳月が流れました。

勤めを終えてからも、英語教育に関連する論文の類いのものをいくつかまとめましたが、時々随想のような文章を、心のおもむくままに書いてきました。

この本は、日々の生活の中で、折々に、書きたい衝動に突き動かされて書いてきた拙文の中から、標題のもとにまとめられるものをピックアップして書き直し、さらに必要と思われる章節を新たに書き加えて一冊にしたものです。

こういう類いの書きものをする時も、事実をきちんとふまえることが大切で、いい加減な推量を加えてはならないと、自らを戒めています。

そういう考えのもと、信頼できる資料を活用して書いてきて、このような本になった次第です。その時その時、精いっぱい書いたつもりですが、いろいろな資料の背後にくり展げられている生《せい》のドラマを十分に描くことができたでしょうか。

今はもう、読者となってくださった方々のご判断をいただくほかありません。

振り返ってみますと、本書を構成する各パートで、古いものは、私の札幌時代にとりかかったものです。ささやかな著作であるこの本も、断続しながらですが、四十年余りつづけてきた仕事の集積であることを思うと感慨深いものがあります。

その間、折節あちらこちらの古書店や古書展で、何気ない気持ちで手に取った古書たちとの不思議な縁《えにし》が思われることです。それらの古書たちが、この本の執筆を進めてゆく上で役立つことが多かったのです。

ともかくも、今は、二十三年ぶりの小著の出版を喜びたいと思います。

大修館書店の『英語教育』誌、『言語』誌には、まだ若かった頃から折にふれて小文を発表させていただきましたが、今回またご縁があって同書店の皆さまにお世話になりました。とりわけ、編集第二部の須藤彰也さんには、とてもお世話になりました。ありがとうございました。

二〇一五年七月三日

著者

目次

目次

II 検定試験でわが道を切り拓いて

III 人の世の悲しみ

Ⅶ　札幌農学校の光芒

Ⅷ　日本の英語教育史をたどる

〈明治から昭和まで〉日本の英語教育を彩った人たち

I章　北国の港町で

一

伊藤整と小樽高商の英語教師たち

「私が自分をもう子供でないと感じだしたのは，小樽市の，港を見下ろす山の中腹にある高等商業学校へ入ってからであった。」という書き出しではじまる伊藤整《ひとし》の自伝小説『若い詩人の肖像』（新潮社、一九五六）は、一人の青年が文学に開眼してゆく魂の成長過程を生き生きと描いているが、そこには、この学校で作家が教わった英語の教授たちがたびたび登場する。濱林生之助（一八八七－一九四七）、小林象三（一八九三－一九七四）、苫米地英俊（一八八四－一九六六）などの教師たちである。

伊藤は、一九二二（大正十一）年に同校に入学し三年の学生生活を送る。卒業後地元の中学校（旧制）の英語教諭となり三年の教員生活を送る。その後上京し東京商大での学生生活が始まる（仏文学の内藤濯《あろう》教授のゼミに所属）が、やがて、授業にはあまり出席しなくなり、文学活動に専念して結局中途退学することになる。

昭和初期（一九三〇年頃）に始まる伊藤のジェームズ・ジョイス及びD. H. ロレンスらの文学作品の研究や翻訳・紹介の仕事は、彼の語学力を抜きにしては、もちろん考えられない。伊藤の語学力は、いつ、どこでどのように形成されたのであろうか。

右の経歴からも推定されるが、それはおもに小樽高商の三年間であったようである（中学校勤務時の余暇は詩作に没頭している）。戦前の同校は、商業・経済の専門学校でありながら語学教育にも重点を置き、できる限り優秀なスタッフを集め徹底した教育を行った。

昭和初期に文部省は五カ所の官立専門学校に英語科の臨時教員養成所を開設するが、専門外のところはここだけで、「小樽外語」の異名をとったという。（昭和二十年代のはじめまでは、北海道ではただ一つの英語教員供給機関であった。）

さて、この学校での伊藤の学生生活である。伊藤は、同校卒業から三十八年後の一九六三（昭和三十八）年十一月に『朝日ジャーナル』誌（朝日新聞社）の依頼を受けて、〈大学の庭〉というシリーズに母校紹介の筆を執っている。その中で、「私のような生徒は、この学校で語学だけ学んだようなものである」と回想している。

当時同校には、後に歌人・経済学者・文明批評家として一家をなした少壮教授・大熊信行（一八九三―一九七七）が在職していて、経済原論の講義でJ. S. ミルの原書などを読んでいる。『若い詩人の肖像』と大熊信行の『文学的回想』（第三文明社、一九七七）の記述によると、一級上の小林多喜二は、校内でしきりに大熊と接触しているが、伊藤はただそれを傍観しているだけである。伊藤の関心は専ら英語の授業に集中する。「学校では私は勤勉な生徒であった。私は教科書でも自分が読んだ詩集ででも、英語のわからないところは、どこまでも追求した」(『若い詩人の肖像』)というのである。

高商生・伊藤整が絶大の信頼を寄せたのは、二人の英語の教授、濱林生之助と小林象三である。濱林は、八木又三(一八七七―一九二六)の後任として一九二〇(大正九)年(旧制)福島中学校教諭から小樽高商教授に迎えられた。

ちなみに、八木又三は、一九一一(明治四十四)年四月小樽高商創設とともに赴任した。この俊才は、土居光知・澤村寅二郎らと東京帝大同期であるが、主席卒業者と伝えられる。小樽高商を転出して間もなく、名著『英詩から見た和歌形式論』(一九二〇)と『新英文法』(一九二三)を世に問うている。後年、創設間もない京城帝大赴任の直前病に倒れ、学殖を惜しまれつつ急逝した。

小樽高商当局は八木又三の転出に少々あわてたのであろう。校長は、教授・苫米地英俊に命じて全国の(旧制)中学校を歩かせ優秀な英語教師を捜させた。少々伝説めいた話であるが、苫米地が福島中学校で授業参観すると、色の黒いすばらしく出来る教師がおり、その人に白羽の矢を立てた、それが濱林であるというのである(『若い詩人の肖像』および前出『朝日ジャーナル』)。伊藤自伝(以下『若い詩人の肖像』をこう表記する)の中に、「よく出来ることでは生徒たちが皆尊敬している教師」「非常に出来ることでは何人も疑わなかった先生」などと表現されている。「田舎の学校にひっそりと生きている傍流の学者で、しかもおそるべき実力を持っているという意味では典型的な人」(『朝日ジャーナル』)というのは言い得た表現であると思われる。出身地は三重県、出身校は広島高師である。

濱林が伊藤らの教室で教材として取り上げたのは、伊藤自伝によると、R. L. スティーブンソン、トマス・ハーディなどの小説であったという。専門の英文学の学識にとどまらず、人生の機微をよく心得ていてそれが授業の中に自然ににじみ出て学生に人気があり、親しまれたという。伊藤自伝には、この教師とのふれ合いが誌されており、(旧制)中学校教師就職後のこの人との交渉にもふれている。

濱林生之助の主な業績をまとめておく。『英國文學巡禮』(健文社、一九三〇年)は昭和初年までのこの人の英文学研究成果の集大成である。『英語の背景』(北条書店、一九五〇年、研究社、一九五九年)は遺稿で一九五九年版はかつて小樽高商に在職した太田朗教授らからのご遺族へのすすめで研究社から再刊されたもの。そのほかに、一九二三(大正十二)年以後、研究社・健文社から英文学訳註書などを多数出しており、*The Bright Readers*、*The Arrow Readers* の二種の中等学校検定教科書も出している。

小林象三。小樽高商・小樽商大に30年間在勤

次に、小林象三教授。北海道岩内町出身。伊藤整も学んだ（旧制）小樽中学から広島高師を経て京都大学に進み、厨川《くりやがわ》辰夫教授（白村）のもとで英文学を学んだ。卒業論文は「テニスンの詩の研究」である。濱林と同じ年一九二〇（大正九）年、小樽高商講師となり翌年教授に昇任、一九五〇（昭和二五）年京都大学に転出するまで三〇年の間小樽に在勤した。一九三〇（昭和五）年からの在外研究ではUniversity College London の Daniel Jones（1881-1967）のもとで英語発音学を研究した。伊藤自伝によると、当時教室では詩や劇を好んで取り上げ、詩ではシェリー、キーツなどの作品を教材にして英詩の韻律の構造を説明し、またJ. M. シングのアイルランド劇なども教えたという。

この人は伊藤整と個人的に関係が深い。小樽市に新設された市立中学校の校長から英語教員の斡旋を依頼された時、伊藤を推薦し伊藤の就職が決まる（伊藤自伝）。それから約三十年を経て、伊藤は、小林の英文の論文（後出）を自分とつながりの深い新潮社に斡旋し出版を実現させている（小樽商大同窓会誌『緑丘』伊藤整追悼号、一九七一）。時間的に前後するが、一九三〇（昭和五）年六月小林象三が文部省在外研究員として渡英する時、伊藤整は横浜港で見送っている（小林象三稿、同右）。

語学教師としての小林象三については、伊藤が自伝に誌している二つのことに触れておきたい。一つは（樋谷秀昭『伊藤整』（一九九四）に少し違う視点から触れられているが）W. B. イエイツの詩の中に出てくる"salley"という語の意味を小林のところに質問しに行った時のことである。小林はその場でいろいろ調べた後、分からないと答える。その時のことについて伊藤はこう書いている。――「…その時、小林教授が、その一字が分からないことについて、何の弁解もせず、また著者の気まぐれだと言ったりもしない態度は、私の注意をひいた。そこに私は、学者というものがこんな場合にとるべき態度の典型があるように感じて、これは自分も覚えておくべきだ、と思った。」こういう場面の記憶がいつまでも感銘深く心にとどまって、この教師への信頼を深めさせたのであろう。

もう一つ伊藤が自伝小説に書きとめていること。新設中学校への就職が決まって小林のところに挨拶に行った時、小林はこう言って伊藤を励ます。――「伊藤君、どんな簡単な文章でも、よく知っている単語でも、教科書に載っているものは全部辞書を引いて調べる、というのが語学教師の大切な心得ですから、これを忘れないように。」

小林象三の主な研究業績は、*Rhythm in the Prose of Thomas De Quincey*（新潮社、一九五六）、*Papers in Linguistics* 1954-1964（アポロン社、一九六六）などである。

苫米地英俊。小樽高商校長を務めた

終わりに、もう一人、苫米地英俊教授のこと。伊藤は、自伝の中でこの人についてこう誌す――「この学校では商業英語が重要な課目で、苫米地英俊という、その頃洋行から帰ったばかりのヴェテランの教授がいた。苫米地教授は校内の実力派で、自分の出身校から語学教師を何人か招いた。その上、彼は教室で、同僚の文学系の英語教授の悪口を言って、『この学校にはs/s Asama-maru のs/s の意味を知らない英語教師もいるんでして』と公然と言ったりした。柔道の達人で、競争意識の激しい、チョビ髭を生やした四十すぎの男であった。」なかなか手厳しいが、人間の好悪は致し方のないものかも知れない。もっとも、後年『朝日ジャーナル』誌に寄せた文章（前出）には、「自他ともに許す商業英語の権威であった」と書いているが。

苫米地は、札幌農学校三期生の英語英文学者・佐久間信恭（一八六一－一九二三）の女婿である。福井県大野市に生まれ東京外語卒。開校の翌る年一九一二（明治四十五）年一月に赴任。有能な教育行政家で一九三五（昭和十）年から十年余り校長を務めた。小林象三は、校長・苫米地に“Tomabechi the able”の尊称を呈している。業績のうち『商業英語通信軌範』（瞭文堂、一九一七）は大著で「コレポン」のスタンダードとして四十年近くにわたり版を重ねた。

（『英語青年』一九九五年七月号の小稿を修正した。）

創立まもなくの小樽高商校舎全景

二 濱林生之助と伊藤整

小樽高商は、官立で五番目の高等商業学校として北海道小樽市に開設された。北辺の地に開設されたこの学校が世に知られるきっかけとなったのは、一九二五（大正十四）年十月に全国の高等教育機関に先駆けてこの学校で起こった軍事教練反対事件（いわゆる「小樽高商軍教事件」）であったが、やがて、高等商業学校でありながら外国語教育を特に重視して、その面の教育を充実させ、独・仏・露・中・西（スペイン）各語の講座を開設、「北の外国語学校」の異名を以て知られるようになる。

この学校の英語担当の教授であった八木又三（一八七七―一九二六）が新設の松本高校（現・信州大学）へ英語科主任として転出したのは一九一九（大正八）年八月であった。校長・伴房次郎は、英語担当の教授・苫米地英俊に命じて全国の中等学校を巡らせ優秀な英語教師を探させるのである。決定までに候補に挙がったのは、東《ひがし》博通氏（名城大学教授）によると都合五人にのぼったという。地理的に近いところは言うまでもない。当時札幌一中（現札幌南高）五年生であった玉井武（故人、元小樽高商・商大教官）は、苫米地教授がT教諭の授業を廊下側の中程のところに立って身じろぎもせずに参観していたことを記憶している、と伝えている（東氏稿『小樽商科大学百年史』二〇一一）。東氏によると、T教諭は発音に難があって見送られたという。（ちなみに、この人は後に北大豫科の教官に採用され、その後研究社からシェイクスピアの研究書を世に送っている。）

苫米地教授が全国を探し歩いて白羽の矢を立てたのが、福島県立福島中学校に在職していた濱林生之助であった。伊藤整は書いている——「福島中学かどこかで、教室に入ると、そこで教えている色の黒い英語の教師がすばらしく出来ることが分かった。それが濱林である。」（『朝日ジャーナル』一九六三年一一月一一日号）

濱林生之助は、一八八七年八月九日三重県多気郡東黒部村（現・松阪市乙部町）に生まれ、一九一二（明治四五）年広島高等師範学校を卒業した。（同期卒業者には、後年英国劇研究で一家をなす木方庸助《きほうようすけ》、商業英語・経済英語の藤田仁太郎などがいる。）広島高師を卒えると、鹿児島県川内《せんだい》中学校へ赴任し七年間勤務した後、一九一九（大正八）年福島中学校に転任した。翌る年一九二〇年三月一二日付で小樽高商教授に発令される。それから七年近くの歳月が流れ、一九二七（昭和二）年二月イギリスでの在外研究に出発、二年半後の一九二九年八月帰国した。

伊藤整がこの学校へ入学したのは一九二二（大正十一）年で、卒業は三年後の一九二五（大正十四）年であるから、濱林教授の在外研究期間は、伊藤整の在学期間とは重ならない。

伊藤整の青年期の魂の遍歴を事実に沿ってリアルに描いた自伝小説『若い詩人の肖像』には小樽高商での日々が克明に描き込まれている。その中に描かれている濱林担当の授業の一コマに触れてみたい。その箇所を含むところは、はじめ「卒業期」というタイトルで『文藝春秋』誌の一九五五年一月号に発表されたものである（単行本にまとめられる段階で若干の字句の修正がなされている）。その文章は、

「私は（R. L.）スティーヴンソンの小説 *Will o' the Mill* といふのを、濱林生之助といふ、よく出来ることでは生徒たちが皆尊敬している教師に習ってゐたが、その中に "The river and the road shouldered down the valley." といふ文章があった。その部分を、色の黒い岡山邊の人らしい軟かな言葉づかひの濱林教授が教えた時、私はその譯を聞きのがした。」

高商生・伊藤は勤勉な生徒であったから、その箇所が気になって仕方がない。濱林先生があそこの訳を早口ですましたのは、或いは先生はひょっとしてあそこの意味がよくわからなかったのかも知れない。先生に恥をかかせても…。こう考えた末、伊藤は英国人教師ラウンズのところに持ち込み解決をみる。

この箇所の意味を濱林教授がよくわからなかったとは考えられないことで、伊藤整もそのことを承知の上で、あくまでも高商生時代の自分の語学力を考えつつ書いているのであろう。伊藤はこの小説の中に書いている――「学校では私は勤勉な生徒であった。私は教科書でも自分で讀んだ詩集ででも、英語の分らないところは、どこまでも追求した。」前節でも引用したが、後年伊藤は「私のような生徒は、この学校で語学だけ学んだようなものである。」と回想している。

伊藤整が語学力のたしかな作家であったことは、知る人ぞ知るである。語学力に係わる仕事では、昭和初年ジェームズ・ジョイス、D. H. ロレンス等の作品の研究・翻訳紹介にはじまり、大戦後の『チャタレー夫人の恋人』（小山書店）の翻訳に至っている。

終わりに、濱林生之助のその後である。小樽高商・小樽経専教授として永年研究と学生の教育に従事し続けたが、大戦終結後は、占領軍の通訳に駆り出されることが多くなる。過労のため、昔患ったことがあった肺結核が再発し、在職中の一九四七年十一月十九日死去する。享年六十歳であった。

（二〇一四・二・十五）

晩年の浜林生之助と『英語の背景』（研究社版）

三

小樽高商教授・苫米地英俊

時は一九一二年。七月三十日明治天皇崩御、「大正」と改元される。札幌農学校三期生の英学者・佐久間信恭《のぶやす》(一八六一―一九二三)の愛娘・千代子は、その年十二月小樽高商講師・苫米地英俊と東京で結婚式を挙げる。媒酌人は苫米地の小学校時代の恩師で「写真見合」であったという。

夫《つま》のために書籍の代を惜しむなと
嫁ぐ夜われに諭《おし》へましぬ父は

千代子の短歌である。どんなに苦しい時でも、夫が本を買いたいと言った時はお金を工面しなさい、と諭されて送り出されたという。父は花婿に秘蔵の書籍を贈ったと千代子は自伝『千代女覚え帖』(私家版、暮しの手帖社、一九八〇)に書いている。こうして千代子は苫米地に導かれて北海道小樽へと旅立つ。

苫米地英俊（一八八四―一九六六）は、福井県大野町（現・大野市）に出生後間もなく長野県・長野市に移り成長した。一九〇四（明治三十七）年東京外語英語本科に入学、英語の道に入るが、翌る年講道館の加納（治五郎）塾に入門、柔道は苫米地の生涯の友となる。一九〇七（明治四十）年三月東京外語を卒業し、母校の非常勤講師などを務めていたが、一九一二（明治四五）年一月八日小樽高商講師となり赴任する。担当科目は、英語と商業英語であった。赴任した時校長から商業英語の研究を特に求められたと云われる。それから猛勉が始まったのであろう、商業英語の第一人者へ向ってスタートが切られる。一九一六（大正五）年教授となるが、翌る年一九一七年四月には大著『商業英語通信軌範』（瞭文堂、菊判六五八頁）を世に出す。以後同書は何度も増補して版を重ね「コレポン」のスタンダードとなってゆく。

一九一九（大正八）年八月から苫米地は、商業英語研究のため英米に留学することになる。苫米地が船上の人となる前に、父・佐久間は「嫁入りの時買ってやれなかったから」と、苫米地と千代子を連れて四谷簞笥《たんす》町の老舗で総桐のタンスの逸品を買い与えたという。

英米での研究を終えて、一九二二（大正十一）年十一月苫米地は帰国する。神戸港の埠頭には、待ちかねた妻千代子とその父の姿があった。苫米地は、大阪天王寺の佐久間邸に旅装を解き、心尽くしの新調された夜具に夢を結ぶ。翌日二人は小樽へ旅立って行くが、その時が父娘の永別となる。

その後の苫米地である。伊藤整は、自伝小説『若い詩人の肖像』に書いている――「昭和十年（一九三五）に苫米地英俊が校長になった。"Tomabechi the able" と小林象三が言ったほどいわゆる切れる人で、この学校の象徴的人物と見られた。」

苫米地の校長在任は長く、戦後の一九四六（昭和二十一）年三月まで十一年に及んだ。校長退任後、苫米地は政界に入り英語のできる国会議員として活躍する。

さて、『商業英語通信軌範』のその後である。初版が世に出た十二年後の一九二九（昭和四）年に出た増補版では本文七八〇頁に増大する。都合六十回版を重ねた後、戦後一九四九（昭和二十四）年にはダヴィッド社に版権が移り、「復興版」と銘打って一九六一（昭和三十六）年まで十四版を出す。一九六四（昭和三十九）年になると、森沢三郎・笹森四郎・安達博吉編『実用英語ハンドブック』（大修館、B5判・本文八八一頁）などが世に出て、『通信軌範』は永年の役目を終えることになる。

（大修館書店『英語教育』二〇一二年二月号掲載の小稿「英学者佐久間信恭・千代子親娘と苫米地英俊」の後半部を書き改めたものである。）

四

小樽でのパーマー講習会

『英語青年』誌の四十九巻七・八・九号（一九二三年）に、「小樽高商におけるパーマー氏の英語講習会」という記事が相当のスペースを割いて掲載されている。筆者は「小樽学人」と匿名になっている。

講習会は、一九二三（大正十二）年五月十四日から二十日まで一週間にわたったが、北海道内の行事としては大きなものであったようだ。記事によると全道から高商・北大豫科教官、中等学校教員など参加者総数一六四名にのぼったという。

「小樽学人」が誰であるかは定かでないが、この行事をお膳立てしたのは、恐らく苫米地英俊であろう。語学教育研究所の主事であった比屋根安雄氏（一八九六－一九七三）は書いている――「一九二二（大正十一）年一月十九日Palmer氏はたまたまロンドン留学中の石川林四郎氏（東京高師）、田部隆次氏（学習院）、三浦太郎氏（学習院）、苫辺（ママ）地英俊氏（小樽高商、現参議院議員）らの日本人数人の催した送別会に出席し、二月にはロンドンを発ち、マルセイユで日本郵船の静岡丸に乗った。…Palmer氏は神戸で出迎えの市河博士の案内で文部省に行き、正式に（文部省）顧問に任命され、省内に一室を与えられた。」（語学教育研究所編『英語教授法事典』開拓社、一九六二）

こうしてHarold E. Palmer（一八七七―一九四九）の日本での活動は始まる。苫米地は一九二〇（大正九）年に英米に留学をを命ぜられ、一九二二（大正十一）年、Palmerの日本への出発の後間もなく帰国の途につく。

当然、在英中ロンドン大学講師であったPalmerと交流をもったものと思われる。Palmerが来日した翌る年一九二三年の五月二十三日には語学教育研究所が発足し、以後その月の東京高師での八回連続講演を皮切りに同研究所主催のPalmerの講演会が全国各地で開かれてゆく。

小樽での講習会は、その前の語学教育研究所発足直前のことである。時は五月、春酣《たけなわ》の北海道であった。

ちなみに、前記の「小樽学人」の文章によると、主催校の学生四十七名も参加したとあるが、二年生の伊藤整はどうであろうか。伊藤の『若い詩人の肖像』（一九五六）はこの行事にはまったく触れていない。伊藤の関心はすでに語学プロパーよりも、むしろ文学に向かっていたのであろう。三年生の小林多喜二、高濱年尾（虚子息）らは文藝部の活動に向っていたから、彼等がこの講習会に参加した可能性も小さいであろう。

Palmer の文部省顧問として行った活動への評価は毀誉褒貶相半ばするようであるが、小樽でのこの講習会は、中央から隔たった北海道の英語教育界に刺激を与えたことは確かであると思われる。

（『英語青年』一九九九年五月号の小稿を修正した。）

五

小林多喜二と蒔田栄一

小林多喜二と一人の英語人の関係について述べてみたい。一方は文学により社会の変革を目指し、時の国家権力に抵抗して果てる。他方も平坦な道を往かなかった。

小林多喜二は、一九一六（大正五）年、北海道庁立小樽商業学校に入学し、伯父のパン工場で働きながら通学する。

蒔田《まき》栄一は、一九一八（大正七）年に旧満州の大連商業学校から転校してくる。小樽商業は、通称「庁商」と呼ばれたが、伝統的に自由主義的校風の学校であった。

手塚英孝の名著『小林多喜二』（筑摩書房、一九七〇）は二人の交友に触れている。転校してきた蒔田は、間もなく多喜二の親しい仲間の一人となる。蒔田は語学や短歌に優れ、やがて蒔田を中心にして庁商短歌会が発足するが、多喜二もそこに時々出席する。一九一九（大正八）年、四年生の二人は、ともに校友会誌の編集委員に選ばれる。翌年、最終学年の五年生になった小林・蒔田らは回覧雑誌を作り、七集まで出している。

卒業期が近づいて、多喜二は伯父の援助を受けて、母校のすぐ上の丘にある小樽高商へ進学することになる。語学の得意な蒔田は東京外語に進学する。そして夏休みで帰省すると、蒔田は多喜二らの文学・芸術をめぐる討論に参加する。

一九二四（大正十三）年、高商を出て北海道拓殖銀行に就職した多喜二は、間もなく同人雑誌『クラルテ』を出すが蒔田もそこに参加する。蒔田は、同じ年の春、東京外語を卒えて小樽高商の英語担当の専任講師として赴任していたのだ。伊藤整は自伝小説『若い詩人の肖像』に書いている――「この年、東京外國語學校を卒業した蒔田榮一という若い講師が赴任してきた。（中略）蒔田榮一は、多分まだ二十三、四歳で、小林たちの同人雑誌『クラルテ』にシモンズ（Arthur Symons, 1865-1945）やポウ（Edgar Allan Poe, 1809-1849）の詩を上田敏まがひの凝った譯文でのせていた。」

多喜二は、銀行に勤めつつ、その後プロレタリア文学の作家活動を進め、時には実際行動にも加わってゆく。

一方、蒔田の方。小樽商科大学の人事記録によると、赴任の約半年後助教授となるが、一九二七（昭和二）年四月下旬に退官したとなっている。在職期間はわずか二年十一か月であった。

翌る年一九二八（昭和三）年三月十五日の日本共産党員一斉検挙事件（世に云う「三・一五

事件」）の後、間もなく上京した多喜二だったが、「蒔田榮一は（東京）府立一中の教師をしていた。」と記している。

さて、多喜二は一九二九（昭和四）年末に銀行を解雇され、翌年三月から東京での生活が始まる。同じ東京の空の下にいても、往く道が違う二人に頻繁に会う機会はなかったであろう。しかし、友情は途切れはしない。二人の間に手紙の往復が続く。

一九三一（昭和六）年一月十三日、多喜二は豊多摩刑務所から蒔田に書き送っている。――「ぼくは此処《ここ》で、外《そと》の忙しさのために殆《ほとん》ど読むことが出来なかった、そのくせ是非読まなければならなかったものを、非常に沢山読むことが出来た。（中略）此処へ来てから、沢山の人からの差入本によって、ぼくは『思いも寄らない本』を読まされ、そして、そのうちから、実に、僕が直ぐにでも知らなければならなかったものを沢山発見したのだ。ぼくは此処でディケンズを知った。『（デヴィッド・）カッパフィルド』、『二都物語』『ハードタイムス』『クリスマス・カロル』などを読んだ。そして、今まで、決して僕の目に触れることのなかったこの作者は、今後キットぼくの芸術上に、大きな足跡を残しそうである。

又書こう。手が冷たいので思うやうに書けない。今度は何か面白いことを書こう。君の奥さんにも、赤ちゃん（！）にもよろしく。ぼくは本当に元気だ。」

ここに、自らに不十分だと思う英文学の素養を求めてやまない多喜二が、そして、自由を奪われながらも友の身を案ずる多喜二がいる。（蒔田栄一宛の多喜二の手紙は、当時の社会状況から、読後やむなく受取人によって焼却され、僅かに、ここに引用したものを含む数通だけが現存している。）

私事を書いて恐縮である。時は一九七〇（昭和四十五）年十月十日、所は長崎市の活水女子短期大学。若かった私は初めての学会発表に臨んでいた。日本英学史学会の年次大会であった。穏やかな白髪の老紳士の姿が司会者席にあった。司会者は城西大学の蒔田栄一教授であった。その折に通り一遍の挨拶でお別れしたのが残念でならない。

ご経歴を略記しておく。一九〇二（明治三十五）年岡山県に生まれる。戦後同盟通信社を経て、亜細亜大学教授、高田外国語学校校長、城西大学教授、富士見丘女子短期大学長などを歴任された。

一九六六（昭和四一）年秋、小樽港を見おろす旭展望台に多喜二の文学碑が建てられたが、その時この人は発起人の中で友人総代をつとめた（発起人代表は伊藤整、『緑丘』伊藤整追悼号一九七一、蒔田文による）。一九七四（昭和四九）年没、享年七十一歳であった。

（大修館書店『英語教育』二〇一一年一月号の小稿を書き改めたものである。）

高商講師時代の蒔田栄一

六

蒔田さくら子さんの小樽

小樽坂みち　わが子といふにふさわしき齢《よはひ》の父が在りて踏みしか

この歌は蒔田栄一教授の愛娘・蒔田さくら子さん（『短歌人』発行人）が先年父君の青春の地小樽市の商科大学に至る「地獄坂」をのぼりつつ詠んだ歌である。

赴任せし小樽の町にさくら子とふひとあり
て子に名付けしよ父は

さくら子さんは、父・栄一の影響で短歌に親しむようになったと誌しておられる。前節に記したように、父親はその昔商業高校で「庁商短歌会」をつくり活躍していたのであった。

小樽高商助教授となって間もなく、上司の教授と衝突して辞職したと言われるが、その教授が誰かなど真相は私にはわからない。さくら子さんは書いている――「校友会の会館で古い卒業アルバムを見せて貰《もら》うことが出来た。年輩の教授にまじって、いかにもナマイキそうな若い父の写真があった。助教授になって程なく、昭和三年（正しくは二年――著者）には上司の教授と喧嘩《けんか》して東京に戻ったというのも尤《もっと》もと、おかしかった。」

父・栄一は、終生小樽を懐かしい地として深く心にとどめていた、と書かれている。

若き気負ひ若き憂ひをうづめたる父の小樽ぞ雪の日また来む

（二〇一四・三・一九。『朝日新聞』一九八九年十月二十九日付「わが歌まくら」欄の蒔田さくら子「小樽――父の青春をたずねて」に負うところが多い。）

七

地獄坂を登ったそのほかの教師たち

一九一一（明治四十四）年に小樽高商が開校すると同時に、八木又三と中村和之雄《わしお》の二人の英語教官が赴任する。八木又三についてはあとの章でくわしく触れることにする。

中村について私が知るのは、前職は七高教授で一九三五（昭和十）年まで専任教官として在職したこと、実務英語ではなく英語・英文学畑の人であったことだけなのは残念である。

小樽高商を一九二一（大正十）年に卒業した苫米地の愛弟子・大谷敏治は、一九二七（昭和二）年に赴任した。専門は実務英語で、一九三九（昭和十四）年に東京外語に抜擢された。『商業英語』（中央経済社、一九五五）、『インドネシア民族史』（今日の問題社、一九四三）などの著がある。敬虔なクリスチャンであった。

同じく小樽高商を一九二七（昭和二）年に卒えた木曽栄作は、一九三〇（昭和五）年に赴任し定年退官までこの学校での教育に盡力した。苫米地の愛弟子で、「コレポン」の木曽として実務英語の世界で活躍したばかりでなく、北海道英語教育研究会の会長として中等教育界で盡力した。『商業英語活用辞典』(三省堂、一九五九)の著がある。

戦時期の一九三八(昭和十三)年から一九四四(昭和十九)年まで六年間在職した岩田一男については、後の章で再び取り上げるが、在職した時期が時期だけに「敵性語」を教える身の苦労がさぞ大きかったものと思われる。

岩田赴任の翌る年に丘を登った太田朗は一九四二(昭和十七)年まで三年間の在職であった。この人についても後で改めて取り上げたい。

速川浩は太田朗と同じ学校を卒えて太田朗の後任となった人で、一九五八(昭和三十三)年に文部省教科書調査官に転出するまで十六年在職し熱心に教育に当たった。その後共立女子大学教授をつとめたが、一九七五年秋、授業中に倒れ、帰宅途中気管支拡張症で急逝した。享年六十四歳。著書に『フォークナー研究——手法と文体の問題』(研究社、一九六一)ほかがある。

一九五〇(昭和二十五)年に赴任した安斎七之介は、英詩に造詣が深い人。一九二五(大正十四)年の高等教員検定試験の合格者である。一八九四(明治二十七)年茨城県水戸市に生まれた。東京外語・聖学院神学校中退。検定試験合格後、明治学院、大倉高商などで教鞭をとる傍ら、*Current of the World* の編集にも参加した。戦後は、小樽商大のほか青山学院大、川村短大などを経て一九六七(昭和四十二)年から追手門学院大教授であった。著書に、『ルバーヤート』（一九六一、太玄書房）、『英詩とその鑑賞』（篠崎書林、一九六七）、『ロバート・フロストの詩』（一九七二、太玄書房）などがある。（この人についてもう一度ふれる。）

清水春雄は、一九五二（昭和二十七）年に赴任し七年間在職し短大主事をつとめた。小樽高商を一九二三（大正十二）年に卒業して広島文理大に進学した。『ホイットマンの心象研究』（篠崎書林、一九五七）などを世に出している。

（二〇一四・三・一九）

Ⅱ章　検定試験でわが道を切り拓いて

一　高等教員検定試験の合格者たち

一九一九（大正八）年に第一回の高等教員検定試験が文部省を会場に行われた。英語科の試験官は、英語学の市河三喜・東京帝大教授、英文学の厨川辰夫・京都帝大教授ら四名で五日間にわたった。三十三名の人びとが受験したが、合格者は六名であった。英語科の試験は、以後大戦後の一九四八（昭二十三）年まで都合十三回おこなわれ、合わせて一九九名の人々が合格者として世に送り出されることになる。

試験の中味は、当時、「帝大の学部卒業程度」と言われた。試験内容を具体的に見ると、一九一九（大正八）年の試験科目は、英文和訳・和文英訳（かなりの長文）・英文学史・言語学概論・英文法・英語音声学・英語書取・会話口述・教授法などであった。（田島伸吾『英語名人河村重治郎』三省堂、一九八三参照）

この試験を経て高等教育機関の英語教員となった人々の中には、正規の教育ルートで教育され「無試験検定」で教員となった人々をはるかにしのぐ、恐るべき実力を秘めていたと伝えられる人たちがいる。

(一) 独学の合格者たち

私の手許に一枚の古びた絵ハガキがある。郵便創業五十年記念絵葉書だ。宛先と差出人名のところには毛筆でこのように認められている。

北海道線
釧路駅長
野田信耀《のぶてる》様

田中菊雄

以下、このハガキの全文である。

其後はご無沙汰のみ申上げました。何卒お許し下され度
皆々様お変りも御座いませんか、
この三月一寸旭川までまいりました。けれども停車場では誰にも

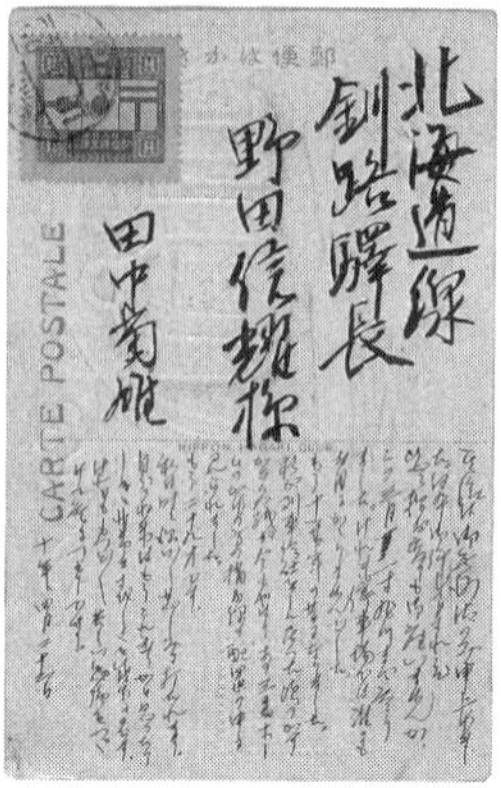

田中菊雄の絵ハガキ

お目にかかりませんでした。

もう十幾年の昔になりました。

私が列車給仕をして居った頃のかすかな名残が今もやはりあの三番ホームのかげの方の構内線の配置の中に見られました。もう二十九才です。

私は時々深い深い悲しみに打たれます。

自分の将来はもうこれぎりかと思ったりし（ママ）ると非常なさびしさを感ずるのです。

けれどももっともっと苦しい勉強をつづ

けて参るつもりです。

十年、四月二十二日

この末尾の十年という年号は、大正十年、つまり一九二一年のことである。田中菊雄先生（一八九三―一九七五）の自伝『わたしの英語遍歴』（研究社、一九六〇）によると、この日付の当時、東京の鉄道省欧文課勤務であったが、その年九月には、広島県立呉中学校の教師となって英語教師としてのスタートを切られることになる。翌る年、一九二一（大正十）年十月には、文部省から試験検定（いわゆる「文検」）による英語科中等教員免許状が下付され、晴れて呉中学校教諭となる。さらに、一九二五（大正十四）年七月（当時、新潟県立長岡中学校に勤務中）には、試験検定により高等教員免許状を文部省から下付される。この時三十二歳であった。

翌る年一九二六（大正十五）年富山高校教授に任ぜられる。一九三〇（昭和五）年山形高校教授に転じ、一九四九（昭和二十四）年新制山形大学の教授となった。その時五十六歳であった。当時同大学農学部の学生であった筆者の元同僚は、「朗々たる声」で英文を朗読しておられたと私に語ってくれた。

『英語青年』誌の編集長を永く務めた喜安璡太郎（一八七六―一九五五）は、若かりし頃の田中先生の面影をこう伝えている。――「若い田中菊雄氏としみじみ話したこともなかったのであるが、（大正十三年）鶴岡への旅行を共にして私は田中氏が北海道にいた当時の『英語青年』

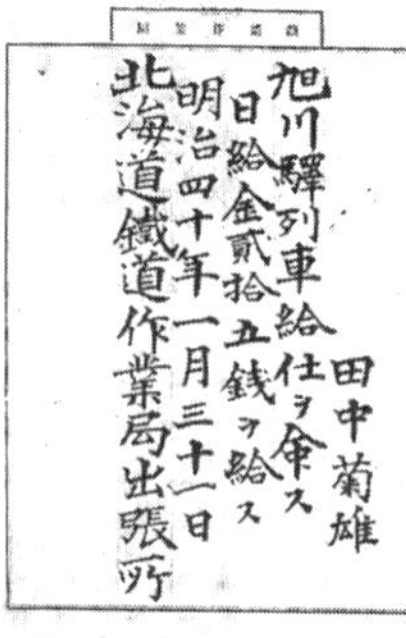

田中菊雄
旭川驛列車給仕ヲ命ス
日給金貳拾五銭ヲ給ス
明治四十年一月三十一日
北海道鐵道作業局出張所

田中菊雄鉄道院の採用辞令

和文英訳練習欄投稿を始めいろいろ英語研究の苦心談を聞かされ、将来は文筆を以て世に立ちたいという希望をもらされたりして、氏に親しみを覚えるようになった。田中氏は手帳と鉛筆をはなさず、車中でも旅宿でも絶えず何か書きとめていた。鶴岡の町を見物する時でも道行く人をつかまえては、いろいろ訊ねてノートに取っていた。」また、人となりについて「温厚であるが、筆をとればなかなか元気で、その著書の中では中野好夫氏を痛烈に攻撃している。」と伝えている。（『湖畔通信・鵠沼通信』研究社、一九七二）

幾多の著作のうち、島村盛助・土居光知両教授と共著の『岩波英和辞典』（一九三六）は広く世に知られているが、この辞書の発案者であり、山形高校英語科主任教授であった島村盛助が田中先生を富山高校から招聘したのであった。『英語廣文典』（白水社、一九五三）など学術的に評価される著作の他、『現代読書法』（柁谷書院、一九四二）、『英語研究者のために』（北光書房、一九四〇）など、今日もなお版をかえて世におこなわれている啓蒙書を遺している（両書とも「講談社学術文庫」で復刊）。一九七五（昭和五〇）年三月、脳出血のため藤沢市辻堂の自宅で死去、享年八十一歳であった。

大阪府出身の柴田徹士《てつお》（一九一〇-二〇〇三）は、高等小学校の高等科を了《お》えた後、朝暗いうちから家業の豆腐屋を手伝い、夜間の私立商業高校に学んだ。一九三〇（昭和五）年文検（文部省中等学校教員検定試験）の英語科に合格、その後も家業の手伝いを続けながら、一九三三（昭和八）年、二十三歳の若さで英語科の高等教員検定試験に合格した。合格者が発表された時、『大阪毎日新聞』（『毎日新聞』の前身）は、〝豆腐屋が高等教員に合格〟と社会面のトップ記事で報じた。

大阪府立高津中学校教諭を振り出しに、甲陽高等商業学校教授、浪速《なにわ》高等学校教授を経て大阪大学教授となった。後に大阪学院大学の教授をつとめた。専攻は二十世紀英文學で、専門の著作を世に出す傍ら、学習英和辞典の編集主幹もつとめた。名著『英語再入門』（南雲堂、一九八五）はその道の好入門書として版を重ねた。

苦学力行して初志を貫徹、天寿を全うした見事な人生と云うべきであろう。

「英語名人」（田島伸吾氏の命名による）河村重治郎（一八八七-一九七四）は、第1回英語科高等教員検定試験の合格者である。秋田中学校を五年生で中途退学、一家は上京する。検定試験で東京府小学校専科英語教員免許を取得、以後検定試験一筋に歩んだ。二十一歳で文検英語科に合格（一九〇八年）、聖学院中学校教諭を経て、一九一一（明治四十四）年に福井県立福井中学校教諭となった。（同校の起源は、遠く一八五六年にさかのぼる名門校である。）一九二〇（大正九）年に高等教員検定試験に合格後は、同僚の吉川美夫、安斎七之介氏らを指導する。いずれも、後年高等教員検定試験に合格して高等教育機関の教師として活躍する人たちである。

高等教員検定試験に合格した四年後の一九二四（大正十三）年、福井中学を辞職して横浜高等商業学校（現・横浜国立大）の教授となり、中央での活躍が始まる。戦争の敗色が濃くなった一九四四（昭和十九）年に辞職するまで、ちょうど二十年同校で教えたのであった。同校では、重治郎と同じ年に高等教員検定試験に合格した西村稠《しげし》（一八八六―一九六六）と、退職するまで二十年間職場をともにすることになる。

この人の生涯は、文字通り「辞書作り一筋」であった。三省堂の『クラウン』系の各種の辞書の編集のほか、研究社の『英和大辞典』（第三版、第四版）の編集主幹をつとめ、原稿の執筆にも直接たずさわったのであった。

関係の深かった三省堂で文部省検定の中学・高校教科書も編集したが、学術論文の執筆は皆無である。ことわるまでもなく、英語力は論文の有無とは無関係であろう。

吉川美夫（一八九九―一九九〇）は、一九一七・八（大正六・七）年頃福井の夜学の生徒として河村重治郎にまみえて以来、重治郎が没するまで、互いに深い係わりを持った人である。重治郎は、吉川を福井中学の英語教師（教諭心得）に推して同僚に迎え入れたのであった。一九二一（大正十）年文検（文部省中等学校英語科教員検定試験）に合格して晴れて同校教諭となった。一九二五（大正十四）年には高等教員検定試験に合格した（前記の田中菊雄、同僚の安斎七之介もその年ともに合格）。その年、試験委員であった市河三喜教授の推挙で富山高校教授となった。一九四九（昭和二十四）年富山大学教授となり、同校を定年退官した一九五六（昭和三十一）年、東洋大学英文科主任教授・田部《たなべ》重治に乞われて同大学の教授となった。（ちなみに、田部重治は、吉川美夫が富山高校に赴任した時そこの校長だった英学者・南日《なんにち》恒太郎の弟である。）

著書に、名著とされる『英文法詳説』（文建書房、一九四九）があるが、研究社『英文法シリーズ』の編集主幹・大塚高信は同書を高く評価して、吉川に「英文法シリーズ」第二十一巻『文（下）』の執筆を依頼したのであった。

(二) 専門学校出身の合格者たち

高等師範学校・外国語学校・津田英学塾など（旧制）専門学校出身者の中で優秀な者は、文部省の規則にある（本科を終えてから）「専攻科」卒業という資格を満たしていなくても、地方の専門学校では教員に採用していたのが実態であるが、心ある人たちは、専門学校教員として英語を教えながら高等教員検定試験の受験を目指していたようである。

明治末に小樽に開設された高等商業学校に、戦時色が濃くなった一九三八（昭和十三）年から翌一九三九年にかけて二人の青年教師が赴任する。岩田一男（一九一〇－一九七七）と太田朗（一九一七－）で、岩田は二十八歳、太田は東京高師を卒業したての二十二歳であった。

岩田一男は、一九一〇（明治四十三）年横浜に生まれ、一九三二（昭和七）年東京外国語学校を了え横浜市内の高等女学校の英語科教諭となる。一九三五（昭和十）年高等教員検定試験に合格する。一九三八（昭和十三）年小樽高商講師となり翌年教授に昇任するが一九四四（昭和十九）年に退官する。

戦後、一橋大学教授として教壇に復帰し、ラジオ・テレビの語学番組で二十年にわたって活躍した。一九六一（昭和三十六）年に世に出た『英語に強くなる本』（光文社）はミリオン・セラーとなって一世を風靡した。あまり知られていないが、イギリスの随筆家・批評家 Thomas De Quincey（1785-1859）作品の訳業がある。一九七七（昭和五十二）年冬、肝硬変のため没した。享年六十七歳。

太田朗は、一九三九（昭和十四）年東京高等師範学校を卒業するとすぐに小樽高商に赴任し、翌年には高等教員検定試験に合格した。若冠二十三歳の合格者であった。その二年後一九四二（昭和十七）年、東京商大予科教官に転任する。同校に二年勤務した後、東京文理大に進学した。戦後はミシガン大学の C. C. フリーズ博士の英語教育論の翻訳・紹介で活躍し、英語教育の進展に盡力した。『米語音素論——構造言語学序説』（研究社、一九五九）はこの国の研究水準を内外に示した業績である。『否定の意味——意味論序説』（大修館書店、一九八〇）は学士院賞を受賞した業績である。

終わりに、ひとりの若き女性合格者を取り上げよう。岩田一男が合格した一九三五（昭和十）年の合格者名簿の中に「前田美恵子」の名がある。前田美恵子と云っても、今はほとんど知る人はいないであろう。「前田」は神谷美恵子（一九一四－一九七九）の旧姓である。

津田英学塾在学中、癩病院を訪ねて患者の実態を知って幸せに生活している自らをかえりみて負い目を感ずるとともに医学に強く心を引かれる。それが精神科医・神谷美恵子の原点となる。英学塾卒業後間もなく肺結核に冒されたが、療養中に英語科高等教員検定試験に見事合格した。史上最年少、二十歳の合格者であった。

その後彼女は医学への志止みがたく、東京女子医専へ進学、精神科医の道を歩むことになる。抜群の語学力が英語教育に生かされることはなかったけれど、その志は没後三十五年の今も、混迷の世に美しい光を放ち続けている。

（大修館書店『英語教育』二〇一〇年四月号の小稿、そのほかを元にとりまとめた。）

㈢ 合格者全員の姓名

一九一九（大正八）年

西村稠、岡部珪蔵、河村重治郎、内藤三介、中野賢作、五味赫

一九二〇（大正九）年

伊東勇太郎、渡辺行三、片山俊、松本環、古瀬良則、繁野政瑠

一九二五（大正一四）年

碇寿市、堀川三四郎、本多平八郎、川辺恣、川合友次郎、苅部栄治、吉川昇、吉川美夫、田所正躬、田中菊雄、津田振二、内舘忠蔵、大宮英之助、安竹金治、胡屋朝賞、近藤文雄、安斎七之介、茗荷幸也、南石福二郎、須藤参治

一九二七（昭和二）年

小泉門、秋山篤英、川口寅治、今井治郎、前田次郎、下総好昌、光畑愛太、倉長真、斎藤昇、葛岡常治、宮村一之、星加延雄、平良文太郎、小島嶽、山田勝太郎、照屋彰義、高橋碧、河合茂

一九二九（昭和四）年

石橋幸太郎、飯島善三郎、保田正、寮佐吉、小倉兼秋、沖二郎、渡辺眷吉、渡辺鎮夫、神田

義信、吉川巌、竹内寛介、高橋政義、龍ノ口直太郎、都築増太郎、内藤乾蔵、国沢秀雄、小林清三郎、小木曽均、後藤卯吉、佐山栄太郎、斎藤辰二

一九三一（昭和六）年

木暮義雄、松川昇太郎、川端儀一郎、古茂田虎生、片岡治、坂元盛秋、佐野一郎、伊藤省吾、守谷獅郎、常名鉾二郎、広田好、山口秀夫、川波千尋、亘理俊雄、野村繁、小栗敬三、塚口馨二、吉田龍男、海江田進、阿部倹司

一九三三（昭和八）年

岩田勝次、小野正夫、栗山真弓、柴田徹士、片山暢一、石田兼雄、植田近雄、小林清一、福本貢、清野謙蔵、今村勝夫、八木勇平、三浦勘之介、加藤藩夫、沢崎九二三、竹沢啓一郎、山岡清子、山本保、小川三郎

一九三五（昭和十）年

佐藤良文、神賀信濃、岩田一男、植木五一、片山忠雄、島貫泰介、高塚正規、西野熊三郎、大西清一、菊地裕、今藤雄、佐野智恵、砥目民子、日沖三舟、前田美恵子、山本晃紹、秋山平吾、江尻治太郎、佐々木高政

一九三八（昭和十三）年

五十畑新一、池田祐重、吉村清、高橋保郎、吉野毅男、森永義一、宇野愛寛、田中長敬、上

村盛雄、早川武夫、福田勗、小倉紀、水上澄子、原田のぶ、城友二、河瀬フミ、笠原美子、山浦淑子、川合昌平、門田浩
一九四〇（昭和十五）年
泉政治郎、半沢儀三郎、阪野勇、穂積富士子、星野一男、太田朗、吉田新吾、田辺寿子、中谷茂雄、柳沢英蔵、丸山覚、待島又喜、福永親、寺内政治
一九四二（昭和十七）年
桑原謙、太田芳三郎、相原良一、森節子、柴山照彦、大野武之助、釜山哲夫、山岸直勇、新谷英一、堀内聖、一色マサ子、三木健嗣、岡田愛子、田桐大澄、市川繁治郎、横川信義、平野冨美子、弘中肇
一九四六（昭和二十一）年
佐藤正平、茂木清文、谷口次郎、荻野清、小倉恒夫、吉良松夫、牧野秀忠、佐波妙子、藤井群輔、大野玉江、安倍勇
一九四八（昭和二十三）年
三上好次、長谷川謙三、林百合子、大場良治、片野勝蔵、勝又永朗、鳥居次好

以上、一九九名

二

田中菊雄と小酒井五一郎

さきに触れた田中菊雄先生（一八九三―一九七五）のことは、はるか昔、中学校の教室で私の尊敬する若い恩師が、小学校を出ただけで国立大学の教授になった偉い先生がいて、その人は、この旭川ゆかりの人だと話してくださったのだが、私が英語教師になりたての頃、弟がどこからか一枚の古びた絵ハガキを見つけてきてくれた。それが先にご紹介した、若き日の田中菊雄先生の絵ハガキである。

田中菊雄：鉄道教習所時代（18歳）

その絵ハガキの表側に書き込まれている文章には、時には意気沮喪しながらも自らの希む道に向って日々精進する青年教師の日常が生き生きと記されていていて感動的である。この絵ハガキは、今も私の数少ない宝物の一つである。

田中菊雄先生は北海道小樽に生まれ、幼少の頃、石狩平野の石狩川のほとりにある酪農の町江別町（現・江別市）に住み、旭川市の上川小学校（当時の校名）を了えられた。自分が旭川に生まれ、小樽で学生生活をおくり江別で若い頃教員生活をしたことがあることも、この人に一層親近感を抱かせるのかも知れない。

田中先生が山形大学を停年退官され神奈川大学に移られた一九六〇（昭和三十五）年に自叙伝『わたしの英語遍歴』が研究社から上梓される。当時、初代社長・小酒井五一郎（一八八一－一九六二）はすでに子息・益蔵氏にバトン・タッチされて現役を退いていたが、小酒井五一郎は田中先生と繋がりの深い人である。

小酒井五一郎も小学校を了えただけで大業を成し遂げた人として記憶にとどめておきたい。その昔、小学校出たての越後の一人の少年は青雲の志をいだいて東京へ向かう。『研究社百年の歩み』（二〇〇七）によれば、小学校卒業後、越後の長岡から鉄道を使わず徒歩で上京したというが、そのことにまず度肝を抜かれる。一八九二（明治二十五）年のことで、小学校を出た翌る年である。上京後間もなく、当時神田にあった書籍取次店・上田屋の住み込み店員となる。小酒井少年はよく働いた。主人の信望篤く、二十三歳の時その次女を娶る。その三年後英語研究社（現・研究社出版）を立ち上げる。一九〇七（明治四十）年のことで、二十六歳の若さであった。

その間の一八九七（明治三十）年には、喜安璡太郎の知遇を得ている。その後英語青年社社主となり長年にわたって『英語青年』誌の編集にたずさわった人である。英語研究社を創めた小酒井五一郎が、はじめ英語講義録や低学年用英語雑誌を手がけているのは、喜安璡太郎のアドバイスによったのであろうか。

さて、田中菊雄先生と小酒井五一郎との係わりである。二人が深い関係を持つようになるのは、一九二七（昭和二）年に研究社から世に出る『新英和大辞典』（主幹・岡倉由三郎）の編集を通じてであった。世に言う『岡倉大英和』である。田中先生が同辞書の編集に係わるようになるのは、小酒井五一郎の郷里である越後・長岡の県立長岡中学校に勤務していて、文部省から高等教員免許状が下付された一九二五（大正十四）年からである。

『わたしの英語遍歴』にはこう誌されている——

「長岡時代からはじめられた『岡倉英和大辞典』の編集は富山時代（注・一九二六年から）に入っていよいよ決戦の時代に入り、私にはほとんど寸暇もなかった。夏休毎には上京して研究社の二階の編集室に籠城して昼夜を分かたず精励した。辞典編集の苦心を通して小酒井五一郎氏と肝胆相照らした。」

研究社創立者　小酒井五一郎

小酒井社長の郷里の中学校に十か月勤務したとい

う縁を越えて、二人の間にひきつけ合う何ものかがあったのであろう。その後しばらくして研究社から田中先生の著書が続々と世に出される。『英語学習法』（研究社学生文庫、一九四一）、『中級英語の道』（一九四三）、『英文解釈の道』（一九四七）、『初級英語の道』（一九五〇）などの英語学習指導書である。

ちなみに、『研究社百年の歩み』の中に、小酒井五一郎の人柄を伝える次のようなエピソードが誌されている。

桜庭信之教授は誌す――初めて小酒井社長宅に挨拶に行くと、社長は、箒とチリ取りを持って掃除夫の姿で玄関に現れた。

また、竹林滋・寺沢芳雄両教授は、小酒井社長が直々電車と徒歩で自宅まで原稿を取りに来られたと書いておられる。

一九六二年春、千代田区富士見町の自宅で死去、享年八十一歳であった。

一方、田中菊雄先生、一九七五年春、脳出血のため藤沢市辻堂の自宅で没、享年小酒井氏と同じ八十一歳であった。

（大修館書店『英語教育』二〇一四年五月号の小稿を書き改めた。）

三

『スタンダード和英大辞典』の竹原常太

竹原常太（一八七九‐一九四七）は、一九〇八（明治四十）年、文部省英語教員検定試験に河村重治郎らとともに合格した人であるが、和英辞典の歴史に特筆すべきユニークな大辞典を編纂し世に出した人として記憶されるべきである。

この人が『スタンダード和英大辞典』*A Standard Japanese-English Dictionary* by Tsuneta Takehara M.A.、Ph.D. を大阪寳文館（大阪市西区阿波堀通四丁目）を発売元として自費出版したのは、一九二四（大正十三）年十一月であった。菊判二段組一、七一〇頁の大冊だ。著者が英米の書籍・雑誌・新聞などから集めた約三十万の用例をもとに編集したもので、用例に出典を明記したユニークな和英辞典である。この人は、アメリカ留学時代から和英辞典の編纂を志していたと云われるが、アメリカ留学中に集めた用例を活用してアメリカ英語を豊富に盛り込んでいるのが、他の和英辞典には見られないこの辞書の特徴である。

このようなユニークな特徴を持つ大辞典を独力で世に出すまでの苦心は想像に余りあるが、出版が実現するまでの経緯については、永年『英語青年』誌の編集にたずさわった博覧強記の人・喜安璡太郎がふれている。（喜安璡太郎が大戦後『英語青年』誌を研究社に託して河口湖畔に退いてから同誌に送り続けた回想録「湖畔通信」の、同誌一九四七（昭和二十二）年十一月号掲載分の文章である。）

はじめ三省堂に話を持ち込んだが話は折り合わなかったという。竹原が神戸高商に教授として赴任すると、同校の水島鉄也校長の盡力で竹原和英辞典出版後援会が作られて、ようやく出版にこぎつけたという。

ことばの現実を忠実に使用者に示すことは辞書が果たすべき大切な使命である。出典を明示して用例を提示する姿勢は貴重である。著者・竹原は、この辞書の「凡例」の冒頭で、この辞書が自ら蒐集した約三十万の用例を基にして帰納的研究をした成果であると述べている。つまり「作った辞書」でなく「(集めた用例から)できた辞書」である。

『スタンダード和英大辞典』は、心ある人々には好意を以て迎えられたが、残念ながら一般には使用があまり拡がらなかった。一般の使用者は、やはり、「こうでなくてはならない」という「規範」を辞書に期待するのであろう。

竹原和英大辞典は、学術的には貴重な試みであって、理想を求めて果敢に難事業に挑んだ進取の精神は世に記憶されるべきで多少の瑕疵を強調すべきではないだろう。この辞書はもちろん、心ある人々には好意を以て迎えられている。

小沢準作教授「評判の名作」(『日本の英学一〇〇年』・昭和編一九六七)、出来成訓教授「本邦和英辞書史上に異彩をはなつ名作」(『英語教育史資料』一九八〇)などの評言もある。

さて、前出の喜安璡太郎の回想録は、竹原の若き日の俤をこう伝えている。──「私はたった一度竹原氏に会ったことがある。明治四十一年文部省教員検定本試験(いわゆる「文検」)のあった日の夕べ私は神田乃武《ないぶ》男(爵)を訪ねて試験の模様など話してもらった。神田男は『今度受験した竹原常太氏は口頭試問の際あわてて間違えて少なからず悲観していたようであった。君これから竹原氏を訪ねて行って氏は合格していると知らしてあげてください、そして受験談を話してもらっては』といって紹介の名刺をくれた。赤坂の竹原邸に着いたのはかれこれ八時過ぎであった。通された一室には英字新聞や雑誌の切り抜きをカルタのように列べて見ている人がいる、それが竹原氏であった。私は氏の合格を内報し感想などを聞いたりして三十分ばかりで辞去した。」(『湖畔通信・鵠沼通信』)

さすが博覧強記の人、三十九年前の記憶が鮮やかである。喜安氏三十二歳、竹原氏二十九歳の春のことであった。若い頃からこうして用例の蒐集に情熱を注いでいた努力は十七年近い歳月を経て、前記の『スタンダード和英大辞典』に結実したのであった。その時竹原は四十五歳であった。

竹原の仕事はその後も続く。その後竹原が関係を持つのは大修館で、そこから一九二九（昭和四）年に『スタンダード英和辞典』を出す（肩書は、「神戸商業大学教授・ドクトル・オブ・フィロソフィー」であった）。この辞書も、はじめ三省堂に持ち込まれたが話がまとまらず、まわりまわって大修館に持ち込まれたという。（清田昌弘『一つの出版史』トラベラー同人会、一九七九、参照）

こうして世に出た『スタンダード英和』は、アメリカのE. L. ソーンダイク（Edward Lee Thorndike, 1874-1949）による語彙頻度統計を用いて基本語彙を明示する新機軸を開いた。一九四一（昭和十六）年に大修館から出た『スタンダード和英辞典』は竹原の大和英を圧縮してできたもので、アメリカ英語を多く取り入れていたこともあって戦後になって広く用いられた。

竹原常太は、戦後の混乱いまだ収まらぬ一九四七（昭和二十二）年この世を去った。清田昌弘氏によると栄養失調のためであったという。享年六十七歳であった。

（大修館書店『英語教育』二〇一四年十二月号の小稿に加筆した。）

Ⅲ章　人の世の悲しみ

一

悲運の英語学者・八木又三

いま私の手許に一冊の古書がある。がっしりした箱入りの重量感ある本だ。書名は『英詩から見た和歌形式論』といい、著者は八木又三、菊判三七一頁の大著である。金星堂から一九三四（昭和九）年に出たものである。

開巻まず佐佐木信綱博士の序文に、

「君ちかき頃予のもとを訪いて、君がさきに雪ふかき北海の濱にありて、多年研鑽を積まれし結果になれる英詩より見たる和歌形式論の一巻を携へ来られぬ。」

とある。

実は、この本は、この金星堂版より十四年前の一九二〇（大正九）年に裳華房から出されていて、右の序文は、そこに掲げられたものの再録である。佐佐木博士は、金星堂からの再刊に際し再び序文の筆を執っているが、その文をこう結んでいる。

「短き人生に対して長き生命を保つ著書を遺されたことを喜ぶものである。」

＊

この本の内容は書名がよく要約している。著者の専攻は英語学で、その面の科学的研究から、自らの関心の中心にある英詩の韻律（prosody）と比較対照して和歌の形式を詳細に論じている。本文は六章から成っているが、第六章の「音韻の技巧」に最も多くのページが割かれ、第一章の「律美（rhythm）」にも、それに近い紙数が割かれ、自ずと著者の関心の向かうところを示している。

原稿が書かれた「雪ふかき北海の濱」とは北海道小樽である。原稿を書き上げた著者は早速それを携えて上京する。この本の跋文で著者のご長男・林《りん》太郎《たろう》氏は回想している――「大正八年（一九一九）四月、当時の（小樽高商）校長渡辺龍聖博士の理解と同情とによって、特に小樽から上京してきても、どの書肆にも出版の件が相手にされなくて、そのまま ぐったりとなって小樽に帰ってきた……。」

特殊な専門書を世に出す苦労はいつの時代も変わりがないようである。

この本の著者・八木又三の出身地は、兵庫県赤穂郡那波《なば》村、現在の相生市那波で、一八七七（明治十）年十月に生まれた。一九〇六（明治三十九）年七月東京帝國大學文科大學英文科を了える。この時三十二歳、晩学の人である。

英文科の同期生には、土居光知、澤村寅二郎、松村武雄、佐藤清などの俊才たちがいるが、喜安璡太郎によると、卒業成績は首席であったという(『英語青年』一九二〇年一〇月十五日号、一九四六年九月号)。

小樽商科大学にある自筆履歴書によると、一九一〇(明治四十三)年七月十一日に大学を卒業し、その年の十月十日に大学院に入り、ロレンス博士(John Lawrence, 1850-1916)の下で研究した。師弟は起居を共にしたという。(この国を、そしてこの国の学生を愛したイギリス人学者は、雑司ヶ谷(東京・豊島区)に眠っている。)

小樽高等商業学校は、一九一一(明治四十四)年に開校した官立五番目の高商であった。初代校長になったのは、前記の倫理学者・渡辺龍聖《りゅうしょう》(一八六五-一九四四)である。この新設の学校に八木又三は赴任してゆく。三十三歳のこの専任講師は、学生になかなか人気があったようである。一九一二(明治四十五)年二月に、当時の『小樽新聞』は「高商評判記」を連載しているが、その中で「洋袴《ずぼん》を五・六寸もたくし上げてテクテク登校」「それでもフロックコートにシルクハットが似合ふ」と書かれている。「高商評判記」の中にこんなエピソードも紹介している。——

「夏の一日、愛児の林ちゃんを抱いて街を散歩してゐた時、ドウした機會《ハズミ》かヽって下に落ことした。『店の小僧が笑ってゐました』と真面目顔で生徒に話すなどは、如何に俗離れしてゐ

るかが解る。」（以上小樽商科大学『緑丘五十年史』（一九六一）による）

これらの記事から浮かび上がってくるのは、のどかな学園生活の風景である。そこでは、静かな研究時間が確保されていたのであろう。この学園が〝軍事教練反対事件〟で騒然とした空気に包まれるのは、まだしばらく先のこと（伊藤整らの卒業した年の十月）である。

この大著の原稿が完成するのは、赴任して八年経った一九一九（大正八）年三月であった。原稿が出来上がった五か月後の八月、松本高等学校教授に発令される。（小樽在勤は八年四か月であった。）松本への赴任も新設開校と同時で、今度は英語科の主任としてであった。

さて、松本に赴任した後、偶然原稿が活字になるチャンスがおとずれる。裳華房主・野口健吉氏との出会いがあったのだ。こうして、一九二〇（大正九）年六月一日にこの本は晴れて世に出る。この時著者四十二歳であった。

松本での教育・研究は二年と八か月で終わる。一九二二（大正十一）年四月、またまた新設校・大阪高等学校への移動でやはり英語科主任であった。

大阪に移った翌る年一九二三（大正十二）年秋、二番目の著書『新英文法』を上梓する。出版社は前著と同じ裳華房である。四六（B6）判、紙数三四七頁のこの本は、松本での研究成果をまとめたものである。

和歌形式論から英文法へと、表面的にはこの人の関心が移り変わったように見えるが、中味をよく見ると、関心の中心にあるものは、何ら変わっていないことがわかる。英文法書でありながら、発音法に約三分の一の紙数を割いていて、英文のリズムや音象徴（sound symbolism）の美的要素などへの関心の強さがうかがわれる。

この本は、内容が常識的なものでなかったためか、あまり世に広がることはなかったようであるが、わが国の英文法研究史に名著として位置づけられている（以上、高梨・大村編『日本の英学一〇〇年・大正編』大塚高信稿参照）。

さて、この人のその後を急ぎたどっていこう。時間的に前後するが、一九二三（大正十二）年の春『新英文法』の序文の原稿を出版社に渡して間もなく、この人は英国及び大陸での在外研究に旅立つ。

二か年の任務を終えて、一九二五（大正十四）年四月のある日神戸港の埠頭で待ちかねた家族と再会する。その時「(父は）げっそりと窶《やつ》れて青い顔をしていた。」と、林太郎氏は前記の跋文に記しておられる。留学中に患った盲腸炎が治り切っていなかったのであった。（留学中は、コーヒーも飲まないで詩形式の本ばかり買っていたらしい、という。）

翌る年、一九二六（大正十五）年春のことである。京城帝國大學が開設されて、この人はその外国文學第二講座担任の教授に充てられることに決まる。だがしかし…、天はこの人に時間を与えない。この年、冬に向かって腹膜炎を発症する。林太郎氏の回想は続く――「京城へゆこうとする間際だったので病床でも、当時の総長・服部宇之吉先生及び佐藤清先生（前出、東大同期生）を驚かせて済まないと臨終に至る迄繰り返し言っていたし、又、母との間にいる七人もの小さい子供たちのことを考えて、どうしても生きようと努力した父は、麻酔剤をかけずに痛みをこらへたまま最後の切り札として受けた腹部の手術も効果がなく死んでしまった。」

時に一九二六（大正十五）年師走九日のことである。享年四十九歳、三つの勤務校での僅か十六年の研究生活であった。

この金星堂版に収められている佐藤清教授の序文によると、服部宇之吉総長の計らいで故人の蔵書の大部分が京城帝大に収められたという。

個人愛蔵の書物だけが、海をこえてかの地に渡ったのであった。

（なお、文中にたびたび出てくる長男・林太郎氏は、父君と同じ英語学の道に進んだ。研究社「英文法シリーズ」執筆者の一人である。）

（『日本古書通信』一九九六年十月号の小稿を修正した。）

二　碩学たちの悲しみ

明治・大正期に活躍した英学者・南日恒太郎に田部隆次（一八七五―一九五七）、田部重治（一八八四―一九七二）の二人の弟（ともに英文学者）がいる。

田部隆次は、東京帝大に専任講師として在職していたラフカディオ・ハーンの講義を熱心に聴講し厖大なノートに忠実正確に記録し、後年永きにわたりハーンの作品の研究や翻訳をすすめた。

田部重治はペイター研究で著名であり、ペイター協会の中心となって活動し、終生その会の会長をつとめた。「亡くなる日まで、薄れゆく意識の中でページを繰る手つきをしていた。」と子孫の方が伝えている（『英語青年』追悼特集）。『ペイターの作品と思想』（北星堂、一九六五）ほか多数の英文学関係の著作があるが、登山家としてもよく知られ、山岳紀行の著作も多い。

このお二人の英文学者たちは、家庭人としては共に数々の苦労を重ね、悲しみの中を生きてこられたのであった。

喜安璡太郎は長年にわたって『英語青年』誌の編集に携わり、この国の英語英文学会の動静にくわしい人であったが、同誌の編集・発行から退いた後、同誌に回想記を送り続けた。喜安氏没後、それらがまとめられて『湖畔通信・鵠沼通信』（一九七二）という一書になった。同書から関係の記述をそのまま引用すると――「（隆次氏）不幸にも長男は登山中に倒れ、夫人は戦後に逝き、ついで二（ママ）男を失い、氏みずからは両眼を失明して、一人で不自由な生活をしている。」「（重治氏）氏も令兄に劣らず不幸のようである。夫人は昭和十五（一九四〇）年に亡くなり、養子が今年（一九五三年）七月に亡くなり、孫娘の養子も復員後に亡くなり、氏の家では、氏という寡夫が養子の未亡人、孫娘、曾《ひ》孫娘二人のすべて四人の扶養家族をかかえているのである。そして重治氏自身は昨年十一月脳血栓にかかり半身不随となり、氏の家から停車場までやっと歩ける程度である。」

田部重治と親しかった年少の友人・本多顕彰《あきら》（一八九八–一九七八）は、前記の『英語青年』の追悼特集への寄稿文の中で「淋しい心の人」で「微笑みはいつも淋しかった」と書いている。どなたかの随筆集のタイトルに『人はさびしき』とあったと記憶するが、さびしさは、人なるが故に感ずるのであろう。

英語学の泰斗・市河三喜教授（一八八六–一九七〇）の随筆集に『旅・人・言葉』（ダヴィッ

ド社、一九五七）がある。この本に書かれている内容から、ご家族は、夫人晴子さん、長男三栄さん、次男三愛さん、それに末っ子の三枝子さんの五人家族であったことがわかる。（三枝子さんは一九二一年生まれである。）

次男・三愛さんは、一九二六（大正十五）年ジフテリアに罹患して亡くなる。八歳であった。教授は「三愛の思い出」（一九二六）という文章の中に、Edmund Blunden（1896-1975）が幼子を失ってよんだ次の詩を引いている。

"Our tears fall, fall, fall,——I would weep
My blood away to make thee warm."

さらに、戦争中の一九四三年には二十七歳の長男三栄さんを喪う。そのわずか二か月後、妻晴子さんが我が子のあとを追うように旅立つ。四十八歳であった。天性朗らかな夫人をなくした教授の痛手はいかばかりだったことか。

教授は、翌る年一九四四年土居光知教授のお世話で良縁を得られ再婚するが、一九五五年、夫人は狭心症で急逝する。

*

Human life is everywhere a state in which much is to be endured, and little to be enjoyed.

——Samuel Johnson

三　ラム姉弟

㈠ 一冊の洋古書

メアリー・ラム（一七六四－一八四七）といえば、弟チャールズと共に児童文学の名作『シェークスピア物語』（一八〇七）を書いた人であることを多くの人が知っている。

心を病むことは、当人はもちろんのこと、身近にいる人たちにとってもつらく悲しいことである。二百年も昔の、治療法が確立していなかった時代となると、想像に余りあることだ。

メアリーの病気は間をおいてよく再発したが何とか持ちこたえ弟とともにこの名作を書き上げる。チャールズは、姉の病状が悪化すると姉に寄り添って優しく介護し続けるのである。

チャールズが生涯独身であった主な理由が姉の世話にあったという通説も、大筋において当たっていると思われる。

チャールズ・ラムの伝記は世に多いが、

Mary and Charles Lamb, by W. C. Hazlitt（1874）

The Lambs, by W. C. Hazlitt（1897）

Charles and Mary Lamb, by J. Temple（1930）

The Lambs, by K. Anthony（1948）

のような書物が世にあるのも、チャールズあってのメアリーであれば少しも不思議でない。

各種のラム伝を繙くとき、美しい姉弟愛に心を動かされるのだが、表面に現れてはいない日常の数々の出来事も自然想像される。

私は近頃、チャールズ・ラムが姉の介護をしつつ自らの文学生活を全うした苦難の人生と併せて、メアリーの生涯をもっと詳しく知りたいと思っていた。折も折、次の書物に巡り合うことができた。

Mary Lamb, by Anne Gilchrist（1883）

出版社はW. H. Allen & Co.で"Eminent Women Series"中の一冊である。著者・アン・ギルクリストという人は、一八二八年生まれで八五年没。*The Dictionary of National Biography*（OUP）は、この人を 'miscellaneous writer'（多面的な作家）としているが、このほかに *Life of William Blake with selections from his poems and other writings*（1863,1880）という著書もある（斎藤勇『イ

ギリス文学史』参照)。

The Dictionary of National Biography は、この *Mary Lamb*（1883）が、「従来のいくつかの誤を正し、ラム姉弟の愛すべきキャラクターを共感を込めて詳らかにしている。」（著者訳）と誌しているが、メアリーを中心に据えて書かれた本は、恐らくこの本だけであろう。平田禿木『チャールズ・ラム』（一九三八）、福原麟太郎『チャールズ・ラム伝』（一九六三）などもこの本にはふれていない。

Charles Lamb の肖像

(二) 一七九六年九月二十二日、そして晩年の日々

一七九六年九月二十二日にラム一家を襲った悲劇について、福原麟太郎の『ラム伝』は次のように誌している。

「事柄は要するに、ラムの姉メアリーがお針っ子に裁縫を教え仕事をさせていた時、急に逆上して、折しも夕食前で、卓の上にあった大型ナイフをとって、お針っ子を追っかけ廻した。母親がそれを阻止しようとしたために心臓を刺されて即死し、父親はメアリーの投げ散らしたフォークで額に傷ついたということで、九月二十二日夕刻のできごとであった。ラムの手紙によると、その場へラムが帰宅し、姉のナイフをもぎとったが一足おそかったのだということがわかる。」(『福原麟太郎著作集』研究社による)

アン・ギルクリストの著書によると、前後の事情がもっとはっきりする。――

「メアリーは、もう手足が全く麻痺している母親を、何年間も夜となく昼となく世話して疲れていた上、母親が若い針子をとらねばならなくなっていた針仕事にも没頭して疲れ果て、極度の精神的苦痛の状態になって、ついに緊張が保ちこたえる限界を超えた。九月中旬頃、家族はメアリーの精神異常の徴候に気づいたが、二十一日になるとともひどくなった。弟チャールズは翌朝早く医師を呼びに行ったが折悪しく不在であった。そして悲劇は起こる。メアリー

は、自分が何をしたのか全くわからず立ちつくしていた。メアリーはすぐに精神病院に収容されるが、その場のすべての悲惨と苦悩に直面するのは、ひとりチャールズのみであった。」（著者訳）

チャールズの人生は、この日から一層苦労多きものとなるが、そのあとのチャールズの日々については前記の福原麟太郎『ラム伝』や平田禿木『ラム』などに詳しい。

一八三四年のクリスマスが明けた十二月二十七日にチャールズがメアリーを残して旅立つ。メアリーはちょうど七十歳になったところだった。福原麟太郎『チャールズ・ラム伝』はメアリーの晩年をこう伝えて巻を閉じている——

「メアリーはラムの遺産約二千ポンドから来る利息二四〇ポンドと東印度会社の年金一二〇ポンドでらくに生活することができた。世話をしてくれる女の人があって、後にシン（ママ）・ヂョンズ・ウッドに居を移し、弟よりも十三年長生きして、一八四七年五月二十日八十二歳でみまかった。」（『福原麟太郎著作集』による）

以下、前記 *Mary Lamb*（1883）によって補ってみると——メアリーは、弟の死の後、一年近い間正常心を失っていて、自分の身に何が起こったのか理解できない状態が続く。それでも知人の来訪はとても喜んだという。やがて病状は回復に向かい、冷静さと明るさを取り戻してくる。「平静な時期が二、三年続いて、それがまた暗闇の時期と入れ替わり、いつまでも延長して行った。不可思議な脳髄は、八十年以上もその上をあらしが吹き荒れたにもかかわらず未だ完全には破壊されてはいなかった。頭脳がダメになったように見える時でも、心はその見事な本性をとどめていた。彼女は孤独に辛抱強く耐えるようになり、いつも温和でやさしかった。」（著者訳）

「一八四〇年頃、友だちに説得されて、一八三三年から弟と暮らしいま弟が眠るエドモントンを去り、友だちの許から程遠からぬセント・ジョウンズ・ウッドのアルファ通りに移った。」（同）

一八四七年五月二十八日永眠、生存する友人数人が相集うなか、弟の眠る墓に葬られた。

（『日本古書通信』一九九九年一月号の小稿を書き直した。）

Ⅳ章　茨城ゆかりの人びと

一

五浦海岸と岡倉天心

北茨城市は茨城県最北の市である。岡倉天心（一八六二―一九一三）がその地の大津町五浦《いずら》にはじめて足跡を印したのは、一九〇四（明治三十七）年のことである。天心は、その年、その地の太平洋に臨むところに別邸を構えることになるが、以後晩年の九年間そこが主な思索の場となる。

二〇一一（平成二十三）年三月の大震災の時、この地も大津波が襲い、甚大な被害を蒙り何人かの方々が犠牲となられたのは悲しいことであった。地元の人びとの並々ならぬ努力で以前の姿が回復されてきているのは喜ばしい限りである。

その地の周辺には、五浦の名が示すとおり、五つの入江が続いていて美事な景観を呈している。近年は、交通の便も昔から見ると随分よくなって、ご多分に漏れず幾分観光地化の気味があるが、当時は、さぞ俗界を離れた、岩を洗う波の音しか聞こえない、思索には恰好の場であったことと思われる。海に張り出した切り立つ巨岩の上に、法隆寺の夢殿の姿になぞらえて六角堂を建て、そこにこもって思索に耽るようになったのは、居を構えた翌年のことである。

五浦は、一般には（殊に地元では）、天心が沈滞に陥っていた日本美術院の本拠を移し、横山大観らの画家たちを指導したところとして知られている。その事業は、しかし実際にはごく短期間で挫折していることでもあり、過大評価の憾《うら》みがある。

それよりも、この地は天心のすぐれた英文著書 *The Book of Tea*（1906）執筆の営為がなされたところとして記憶にとどめられなくてはならないと思われる。五浦に別邸を構えた翌る一九〇五（明治三十八）年には、天心はボストン美術館東洋部長となり、以後ボストンと五浦とで半年ずつ生活することになる。

五浦の天心別邸跡は、今日茨城大学の一施設として保存が図られていて、主要な建物は往事の面影をとどめている。そこに佇んで天心の晩年を偲ぶと、彼の思いが伝わってくる感を覚える。五浦で詠まれた次の詩は、人間・岡倉天心の最晩年の心境を余すところなく語っているように思われる。

'A Sea-Thought'

I see a star, — my polar star,
I know the coast where my boat is bound,

Alas, my rudder is broken, my sail in shreds,
I drift alone on the dark, silent sea.
Is it the night-dew or my tears
That my sleeves are heavy and wet?
Oh! For a breeze, a current high
To lead me to my haven and to Thee!
Idzura, April 29th, 1913

（『英語青年』一九九一年十一月号の小稿を書き改めた。）

二 茨城が生んだ英語英文学者たち

茨城は「水戸学」伝統の地であるが、英語英文学の分野でも明治期から優れた仕事をした先人たちを輩出している。一部の人びとは、文学史の観点から取り上げられたことがあるが、今ではほとんど忘れられてしまっている。

輝かしい業績を歴史の闇の中に埋もれさせてしまうのは残念なことである。以下、三項目に分けてそれらの人たちの生涯のドラマをたどり業績を明らかにしてみたい。

(一) シェイクスピア全集の翻訳に挑戦した二人

シェイクスピア全集の翻訳といえば坪内逍遙の名があがる。道半ばで挫折したとはいえ、逍遙に先んじて大業に取り組んだ茨城人がいたのだ。その事業は、戸沢正保（一八七三―一九五五）、浅野和三郎（一八七四―一九三七）の二人の英文学者の共同作業で進められた。

姑射《こや》・戸沢正保は、旧水戸藩士・菊地庸の次男として一八七三（明治六）年水戸に出生。有名作家・菊地幽芳（一八七〇–一九四七）の弟で、十四歳の時旧水戸藩士・戸沢正之の養子となった。水戸中学から一八九二（明治二十五）年第一高等中学（後の第一高等学校）、一八九六（明治二十九）年帝國大學文科大學と進み一八九九（明治三十二）年大学院へ進んだ。二年後山口高等學校教官となったが、一九〇五（明治三十八）年廃校のため辞職し、転機が訪れる。千葉県我孫子手賀沼の畔《ほとり》に住み、帝大の同級生で同郷の海軍機関学校教授・浅野和三郎と語らい、沙翁全集の翻訳を始めるのである。

戸沢は、四年の間に『ハムレット』（一九〇五）、『ロメオとジュリエット』（一九〇五）、『オセロ』（一九〇六）、『リア王』（一九〇六）、『から騒ぎ』（一九〇七）、『シーザー』（一九〇七）、『行違物語』（一九〇八、原作のタイトルは *Comedy of Errors*）などを分担し、七巻を次々世に出してゆく（いずれも大日本圖書）。

二人のこの事業については、物の本に、彼等の帝大のクラスで外人教師ラフカディオ・ハーンがシェークスピアの翻訳を学生たちに勧めた、とあって英文学関係の人たちに知られているが、実は、個人的に戸沢に翻訳を勧めた人がいる。高山樗牛である。晩年の一九五〇（昭和二十五）年の戸沢の回想文によると、すでに高等学校在学中『オセロ』を、巧拙はともかく全訳していて、一八九九（明治三十二）年に総合雑誌『太陽』（博文館）に発表した。同誌の編集部にいた大学の先輩高山樗牛の勧めによる。樗牛はその時、ほかの作品もどんどん訳せと勧めたという。

一九〇七（明治四十）年には五高の教授として熊本に赴任するが、教職の傍ら訳業を続けてゆく。ところが急病がそれをストップさせる。病名は脳充血。医師は訳業を厳禁する。

その後の戸沢の経歴は、復活した山口高等学校の教授から弘前高等学校長を経て東京外国語学校長となり、一九三八（昭和十三）年退官する。一九五五（昭和三十）年東京目黒区で没す。八十年の生涯であった。春風駘蕩《たいとう》、大正末の人気マンガの主人公にちなんで「のんきな父さん」とあだ名され親しまれたが、水戸っぽで、芯が強く立派な教育者であったと追悼記は伝えている。

もう一人の憑虚《ひょうきょ》・浅野和三郎は一八七四（明治七）年稲敷郡河内村生まれ。海軍機関学校で教えながら翻訳を進め、分担の『ヴェニスの商人』（一九〇六）『御意のまま』（一九〇八）『十二夜』（一九〇九）を世に出した（大日本圖書）。ディッケンズの『標註クリスマス・カロル』（一九〇二）ほか多くの翻訳があるが、一九〇七（明治四十）年に世に出した大著『英文學史』（大日本圖書）は重要である。

逍遙の沙翁全集翻訳は、戸沢・浅野訳が中絶した一九〇九（明治四十二）年に出版が始まる。学友・戸沢は病気で訳業をやめなければならなかったが、浅野の方はどういう人生を歩んだのであろうか。

一九〇九（明治四十二）年の『十二夜』の出版から十七年後の一九二六（大正五）年、いかなる動機からか、突然教職も学問も捨てて関西に移住する。京都綾部の大本教の幹部となって布教活動に従事するのである。

約二十年を経て、一九三五（昭和十）年に大本教は当局から活動を禁止される。それからは心霊研究をはじめ、東京心霊科学協会を主宰し、一九三七（昭和十二）年横浜鶴見区の自宅で没した。享年六十二歳であった。

二人の業績の評価であるが、出版された沙翁全集十冊とも訳文が当時としてはめずらしい口語体であることは重要である。十冊全体について、「学的良心に満ちた立派な訳」（豊田實『日本英學史の研究』一九三九）という評価があるが、中でも、戸沢訳『ハムレット』と浅野訳『御意のまま』は、今日専門家から良訳と評価されている（『日本の英学一〇〇・明治編』一九六八、飯島小平稿参照）。

(二) 英文学作品翻訳の矢口達と英詩研究の安斎七之介

矢口達（一八八九―一九三六）は新治郡旧玉里村に生まれた。旧制土浦中学校の秀才で、当時同校に在職した北昤《れい》吉（思想家・北一輝の弟）に愛された。早稲田大学英文科に進学し、広津和郎、谷崎精二らと同級であった。

大学でも才能は光っていたようで、師の坪内逍遙、吉江喬松らに愛されたと云われる。一九一三（大正二）年に早稲田大学を卒業、北昤吉の後任として旧東京府立第三中学校の教師となり英語を教えた。傍ら文学活動に加わり、日夏耿《こう》之助、西条八十らが出していた『聖盃』の同人として活躍する。

一九一七（大正六）年には早稲田大学予科の講師となるが、その後同大学第二高等学院に転じ英語科主任教授を永年務めた。第一高等学院と高等師範部（現・教育学部）の教授を兼任した。

人となりについて、日々親しく接した同年輩の早大の同僚・佐久間原（一八八六―一九四五）が『英語青年』に寄せた追悼文を引くと――「矢口君は生活に矛盾が多く、また破綻《はたん》を免れなかった。しかし誰も其の為に同君を非難したり憎んだりしないのみか、却って凡ての同僚先輩から愛された。（中略）矢口君の大嫌いなものは偽善であった。そして自分は寧ろ偽悪家を以て任じていたかもしれない。隠せば隠せたであろう自分の矛盾や破綻を、割合平気でさらけ出してゐたやうに想はれるからである。」

業績では、英文学作品の翻訳が多いがモーパッサン全集の訳業もある。英文学関係では、オスカー・ワイルド『架空の頽廃』（一九一三、春陽堂）、チャールズ・ディッケンズ『デギッドの生立ち』（春陽堂、一九一八）などは初期の訳業で、D. H. ロレンス『恋する女の群』（天佑社、一九二三）はロレンスの作品では本邦初訳である。ウィリアム・モリス『地上楽園』（国際文献刊行会、一九二六）は今日、異色の労作と評価されている。

専門の文学研究の傍ら、芝居と野球が趣味で、酔いがまわると「月はおぼろに……」などと歌ったと、前記の文で佐久間は回想している。野球熱は相当のもので、往年の雑誌『野球界』にプロ級の批評を寄稿したこともあるという。

一九三六年東京杉並区の自宅で脳出血で急逝、四十六歳の早すぎる死であった。

＊

すでにI章でふれた独学の人安斎七之介（一八九四―一九七四）は水戸に生まれた。旧制水戸中学から東京外国語学校へ進学したが中途退学、聖学院神学校に入ったがそこも退学した。敢えて独学の道を歩むのであるが、尊敬する先輩の独学者・福井県立中学校（現・藤島高校）の河村重治郎（第一回高等教員検定試験の合格者）の指導を受ける。一九一八（大正七）年研学の甲斐あって文部省中等教員検定試験（いわゆる「文検」）英語科に合格、あこがれの県立福井中学校に勤務することになる。河村重治郎の指導を日々身近で受けられるようになるのだ。

安斎は、実は年老いた母を連れて赴任したのだった。慣れない土地に来て寂しい毎日を送る安斎の老母を河村夫妻は実母のようにいたわったという。安斎はそれを終生忘れず、後年著書

を出す毎に、「河村重治郎先生に捧ぐ」と献辞を扉に誌している。（田島伸吾『英語名人河村重治郎』一九八三参照）

教壇で教えつつも、河村重治郎の指導のもとで研学を続け、一九二五（大正十四）年には難関の第三回高等教員検定試験英語科合格を果たす。その後は、明治学院、大倉高商（後の東京経済大学）などで教える傍ら、時事英語の *Current of the World* 誌の編集に参加した。戦後は小樽商科大学、日本大学などの教授となり、さらに青山学院大学、川村短期大学勤務を経て、一九六八（昭和四十三）年から追手門学院大の教授となった。

一九七四（昭和四十九）年春、恩人の河村重治郎が世を去る。それから僅か四か月後、ヨーロッパ旅行中パリ・オルリ空港で師河村重治郎のあとを追うように心筋梗塞のため急逝した。七十九年の生涯であった。

(三) 英語教育界で活躍した三人

関口有文（一八六九–一九二五）は、（旧）潮来《いたこ》町に生まれた。一八八八（明治二十一）年に上京し、神田に開校したばかりの国民英学会で学んだ。その学校は、実用英語の大家であった磯辺弥一郎が米国人イーストレーキ（Frederic Eastlake, W., 1858-1905）の協力を得て設立したものである。そこで関口は、もっぱらイーストレーキの指導を受ける。

その後、一八九一（明治二十四）年にイーストレーキが独立して日本英学院を立ち上げると、関口有文もそこへ移って研鑽を続けた。二十七歳になった一八九六（明治二十九）年帝國大學文科大學に選科生として入学、同郷の戸沢正保、浅野和三郎らにまみえることになる。主に受けた授業は、もちろん英文学である。

帝國大學で学びながら、京華中学で教え、傍ら、日本英学院の恩師・増田藤之助が主宰する『日本英學新誌』の編集を助けた。大学でラフカディオ・ハーン先生の添削を受けた英作文の実例を同誌の英作文練習欄に提供したが、その雑誌の当時の英学界での影響力の大きさからみて、そのことは関口有文の明治の英学へのかくれた貢献と云うべきであろう。京華中学・同高等女学校在職二十年近く、教頭を務めて退職・実業界へ転進したが志を遂げることができず、心を病んで一九二五（大正十四）年五十六歳で他界した。

亡くなった時、恩師の早稲田大学教授・増田藤之助は『英語青年』誌に追悼文を寄せ人柄をしのんでいる。――「人となり穏和で寡欲淡泊、何事にも悠々迫らざる態度を持し、寛厚で鷹揚《おうよう》、長者の風があり、客を好み学生を愛し、親切に能《よ》く後進の面倒を見、塾生の学資を補助して成業せしめたことなども一二に止まらず。…」

＊

小林淳男（一八九六−一九七八）は水戸に生まれた。一九二一（大正十）年東京帝大英吉利《イギリス》文學科を了え、中学校や東京女子大学で教えた。翌る年一九二二（大正十一）年には、その年新設された東北帝國大學法文學部のスタッフに予定され在外研究を命ぜられる。三年間の在外研究を終えて一九二五（大正十四）年帰国、英文学科の助教授となり、主に英語学を担当した。
助教授生活がはじまって間もない一九二七（昭和二）年五月、英語教育界は騒然とした雰囲気に包まれる。当時東京帝國大學國文科教授であった藤村作が「英語科廢止の急務」という論文を雑誌『現代』（大日本雄辯會講談社）の五月号に発表しその論文が大きな反響をよんだのである。この論文の内容は次に示す同論文の小見出しで要約されている。

「模倣の時代は過ぎた」
「過重なる外國語の負擔」
「普通教育は道楽ではない」
「中學校は外國語は癈止すべし」
「豫備教育としての中學校」
「專門學校の外國語科癈止」
「人物考査方針の改善」
「大翻譯局の設置」
「国民的自覺を促すべし」

この時、小林淳男は『英語青年』誌に寄稿してこう論じている。――「英語教育に従える者は、世の人の思へるよりは困難な複雑なことにたづさはり、次の優良なる國民養成に従ってゐるのであって、今もし吾國に於ける英學發達の歴史、英語の世界共通語なる地位、西洋文化吸収の直接手段、自國文化宣揚の手段を殆んど犠牲にしても構はぬといふ如き外國語教授の大削減案は、國粋、實用ニ主義に忠なるに見えて、實は次代の吾國民直接の世界眼を蔽ふことになるであろう。」

東北大学に三十五年勤務した後、東北学院大学で教えた。晩年には、『言語の世界と思惟の世界』（開文社出版、一九七六）『中世期における英国ロマンス』（南雲堂、一九七七）などの書を公にして、壮者をしのぐ活躍をみせ一九七八（昭和五十三）年に没した。酒を愛し、「康峰」と号し書画を愛好した八十二年の生涯であった（『英語青年』一九七七、など参照）。

＊

最後に竜ケ崎生まれの英語教育界の元老・青木常雄（一八八六―一九七八）を紹介する。竜ケ崎中学校の一期生で、一九一〇（明治四十三）年東京高等師範學校を了え、同校研究科に進み、一九一四（大正三）年に卒業、その年東京高等師範學校講師となった。一九二〇（大正九）年同校教授となり、同校が新制・東京教育大学となった翌年の一九五〇（昭和二十五）年まで三十六年にわたり英語教師の養成に携わった。その後も東洋女子短期大学などで英語を教えた。

『英文朗読法大意』（研究社、一九三三）、『英語科教育法大意』（金子書房、一九五九）など多くの著書があるほか、戦前から各種の英語教科書の編者をし、それらは広く全国で使用された。

闊達《かったつ》な気性で親しまれた人であるが、教室では自らの正確な美しい発音で学生を厳しく指導し、多くの優れた英語教師を世に送り出した。

六十年にわたる英語教師生活を回想した『教壇生活の思い出』（修文館出版、一九七〇）を遺して、一九七八（昭和五十三）年九十一歳で世を去った。

（二〇〇八年三月十二・十九日、および四月二日付『茨城新聞』に掲載された文章を修正したものである。）

Ⅴ章　郁文館をめぐって

一

ある明治の英語教師

札幌農学校四期生・細川文五郎（一八六一－一九二六）は英語教育に文字通り生涯をささげた人である。ある同期生が『札幌同窓会第四十八回報告』（一九二六年十二月）に寄稿した小伝は、その人となりをよく伝えている——「細川君の得意とした處は英語でその教授法は懇切を極めたものであった。『英文大家として君の語學に堪能なるに一驚を喫した者決して少なくなかった』とは郁文館の前田元敏先生の述懐である。（中略）君は誠に世事に無頓着、其一意専念する處、行往坐臥、凡て育英の一事に在った。平素、『自分は世の所謂《いわゆる》財寶を蓄積する必要はない、人材と云ふ財寶を造るが自分の趣味である』とし、己れの生活費を節約し、潤澤ならざる其の収入中から、敢えて他人の子弟を引き受け、學資を給して修業せしめたのである。君が地方に在職中は、五・六人の書生を家において世話するが常で、其人々は幾十人の多きに達し、皆相當の人物となって社會に貢献しつつある。」

小伝は、この人の最期についてこう誌している。――「君は古稀に垂んとする高齢に及んで元気尚ほ旺盛であったが、本年六月二十四日偶《たま》ま風邪に罹り、亜《つい》で肺炎を起こし入院した。（中略）最後の一週間は心気朦朧として時々譫言《うわごと》を云ふたが其譫言たる凡て自己の學校及び生徒に關するものであって、間々成績不良の生徒に對し諄々として訓誨することもあった。」

初めの引用に出てくる前田元敏（一八五七－一九二七）という人は、郁文館（当時、東京市本郷区にあった私学、文京区向丘二丁目に現存する）という学校で細川文五郎と同僚であった人で、『英和對譯大辭彙』（同志社活版部、一八八五）を世に出している人。

さて、細川文五郎の経歴の主なものを「小伝」から抜き出してみる。岡山県津山町（現・津山市）に生まれる。東京大学法科大学に進むが、一八八〇（明治十三）年八月退学して札幌農学校入学。一八八四（明治十七）年卒業、鳥取県農学校奉職、翌る一八八五（明治十八）年高知市海南学校教頭、一八九三（明治二十六）年新潟県高田中学校教頭、一八九九（明治三十二）年福島県会津中学校に転じ、一九〇五（明治三十八）年滋賀県立第一中学校長となる。一九〇七（明治四十）年同校を辞し、翌年から死去するまで郁文館中学に勤めた。

高田中学校には、札幌農学校七期生・内村達三郎（鑑三の弟、ミルトン『失楽園』初訳者）の後任として赴任したが、そこで細川文五郎の部下として勤務した人たちの中にすでに本書に度々登場した喜安璡太郎がいた。喜安璡太郎は、細川が英語のよくできる人であったことを回想し、細川の語学力についての三人の同僚たちの賛辞を伝えている。その三人のうちの一人は、これまた郁文館にも勤めたことのある、Ⅲ章でふれた後年のペイター研究家・田部重治（一八八四－一九七二）である。あとの二人は、札幌農学校の同期生で『英語青年』誌を創刊し和英辞典の先駆者である武信由太郎（一八六三－一九三〇）と、同じく同期生で英字新聞・ジャパンタイムズの創刊者・頭本元貞（一八六三－一九四三）とである。この二人の人たちについては、このあと、Ⅶ章でくわしく触れることになるはずである。

喜安璡太郎によると、細川は『英語青年』誌に数回寄稿しているという。喜安は書いている――「細川氏は志を得ずして名をなさなかったが、実力のある英語の達人であったと今でも敬服している。」（『湖畔通信・鵠沼通信』一九七二）

市井の人・家庭の人としての細川について再び「小伝」に語らせよう――

「家庭の人としての君は、交友少なく、昨年末三十餘年の間苦樂を共にしたる愛妻を逝かしめてより、一人寂しく世を送った。病気のことを知友に知らせなかったので、その臨終は僅かに養女と法科大學當時の學友で同僚たる前田元敏氏の看護の下で行はれた。寂寥の一語で盡きている。」

（大修館書店『英語教育』一九八七年五月号の小稿に加筆した。）

二

郁文館の英学者たち

漱石の『吾輩は猫である』に登場する「落雲館（中学）」のモデルが（旧制）郁文館中学（東京都文京区向丘二丁目に郁文館学園として現存）であることは、かなりよく知られているようであるが、漱石は『吾輩は猫である』執筆当時、郁文館の東隣り、当時の町名地番でいうと、本郷区駒込千駄木町五十七番地に居をかまえていた。当時の郁文館の町名地番は、本郷区駒込蓬萊町二十八番地で、今の向丘二丁目にあたる。

郁文館学園は、一八八九（明治二十二）年に棚橋一郎（一八六二―一九四二）によって創設され、今年で創立一二六年になる。創立当時の校名は「私立郁文館」であった。

棚橋一郎は、第一高等中学校教官を務めた人であるが、同校設立の前年にF. W. イーストレーキ（Frederick, W. Eastlake, 1858-1905）と共訳で上梓した『ウエブスター氏新刊大辞書和譯字彙』（一八八八）は当時世に広く用いられたと云われる。

この私学は、創立以来幾多の有為な人材を世に送り出してきた。学界関係では一期生の柳田国男をはじめ、物集高量《もずめたかかず》（七期）、石原純（同）、金子健二（八期）、大塚初重（五十二期）などが出ている。

私がこの学校の存在を知ったのは、札幌農学校四期生・細川文五郎のことを調べている時であったが、その関連で、Ⅲ章でふれたペイター研究家・田部重治（一八八四―一九七二）も同校に英語教員として勤めたことがあることを知ったのであった。

以下、『郁文館学園百年史』（一九八九）によって、この学校に英語教員として勤めた人たちを紹介してみよう。同書にのっている設立申請書の教員名簿に、三宅雄二郎（雪嶺）、志賀重昂《たか》らの名が見える。三宅の名は、同書巻末の「旧教職員氏名」欄にもあげられていおり、創立当時英語を教えたことがはっきりするが、志賀の名はどうしたことかそこには見当たらない。

開校の翌る年一八九〇（明治二十三）年の就任者の中に札幌農学校三期生・斎藤祥三郎がいる。斎藤は、のちに外務省に勤め名翻訳官と謳われた。大戦前の駐米大使で日米戦争を回避させようと努力し彼の地でたおれた斎藤博（一八八六―一九三九）の父親である。

一八九七（明治三十）年には、土井林吉（晩翠）が就任している。晩翠は、後年（一九三一年）同校校歌を作詞した。翌る一八九八（明治三十一）年には、札幌農学校三期生・佐久間信恭が就任している。（佐久間信恭については、このあとⅦ章でもくわしく触れることになるが、のちに第五高等学校、大阪外国語学校で教えることになる。）さらにその翌年一八九九（明治三十二）年には、茨木清次郎と、Ⅳ章でふれた戸沢正保が就任する。はるかに時を下って一九二八（昭和三）年就任者の中に、中野好夫の名が見える。

（『英語青年』一九八九年八月号の小稿を一部修正した。）

Ⅵ章　書物と人と

一

一通の古電報

手許に細江逸記博士の大著『ヂョージ・エリオットの作品に用ひられたる英國中部地方言の研究』（一九三六年一月再版、泰文堂）がある。先頃さる古書店から購い求めたものである。

同書は故細江博士が大正末年（一九二〇年代後半）に約二年間イギリスに滞在しておこなった方言調査の結果をもとにして、その後十年の歳月をかけてまとめられ上梓された名著である（『英語青年』誌に発表した連載をベースにしている）。八十年になんなんとする星霜を経てなお輝きは失われてはいない。

古書の楽しみは、永い歳月を超えて生き残った書物のページを繰って、その書物が世に出た時代にタイムスリップすることができることにあるが、時には望外の余得に恵まれることがある。

荷をほどくのももどかしく、この大部の書物のページをパラパラと開いてゆくと、二つ折りにされた古い電報用紙が現れた。赤黒く変色し、はさみ込まれたページには、幾星霜を経た陽やけの跡がくっきり残っている。

宛名欄には、「ナカアラ井四三二」アラマキテツヲ、とあり、「日付印」欄には東京・練馬、(昭和)七(年)。九(月)。三〇(日)の消印《スタンプ》が捺されている。発信局欄には「スイタ」とある。受付(吹田局)は二十二時四十分、受信(練馬局)は二十三時二十分。さて、電文である。「タクデ マツホソエ」つまり、この電報は、大阪府の吹田に住んで居られた細江逸記博士が、一

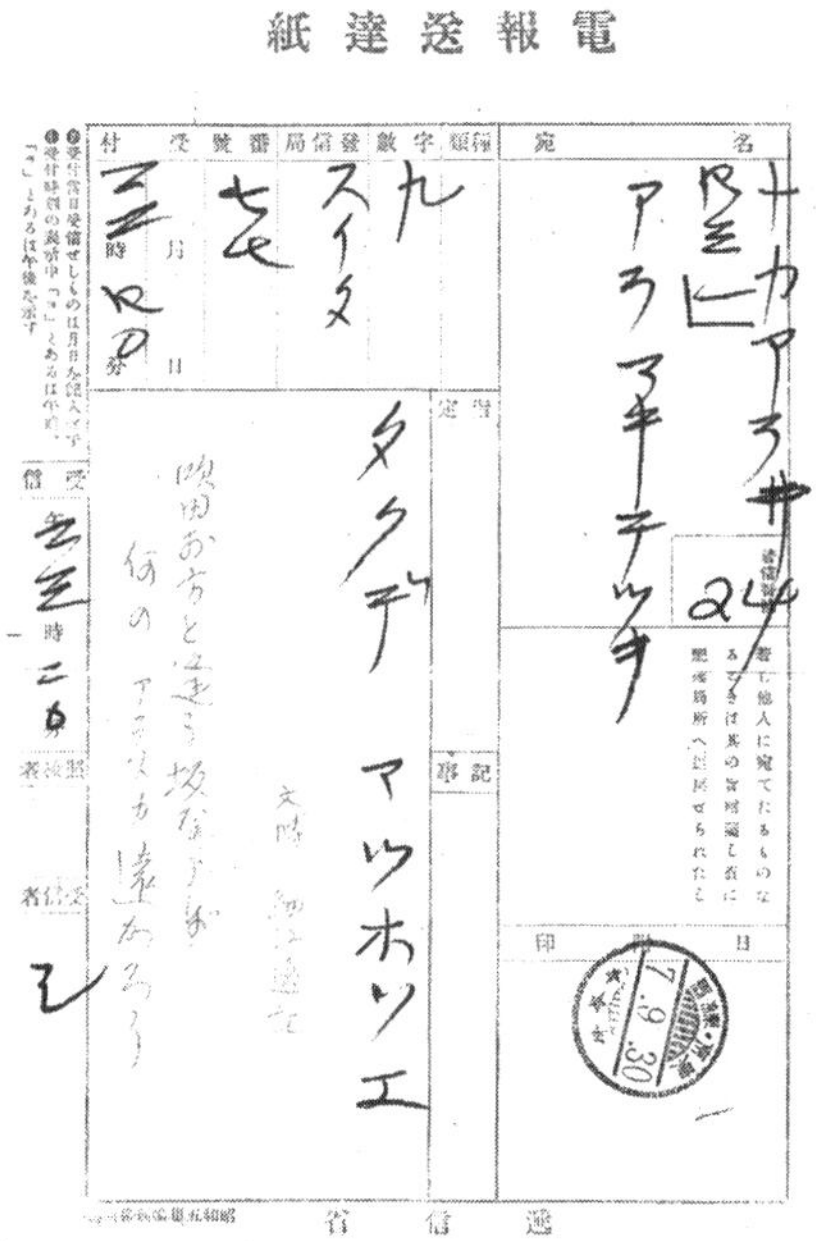

細江逸記教授の荒牧鉄雄宛電報

九三二（昭和七）年秋のある夜遅く東京練馬在住の荒牧鉄雄氏に宛てて発信されたものである。

本書（初版）が世に出るのは、その時から三年少々後の一九三五（昭和十）年のことであるから、その頃博士は原稿の取りまとめなどで多忙を極めておられたものと思われる。その夜博士は、筆を置いて後輩への連絡のために夜道を電報局へ急がれたのであろう。

さて、私の購った一本は、一九三六年一月の発行である。荒牧氏は、その後敬愛する先輩学者からのこの電報を大切に保存されて、後年上梓された博士のこの著書を入手された際、ページの間にはさみ込まれたのであろう。電報紙の電文の左側の余白には、鉛筆で

文博　細江逸記

吹田お方と逢う坂ならば
　何のアラスカ遠かろう

という一首が書き込まれている。「文博」の肩書に、博士の学殖にたいする荒牧氏の尊敬の念が偲ばれる。細江博士は、当時大阪商科大学（現・大阪市立大学）の教授をつとめておられたはずである。

私事になるが、まだ駆け出しの教師の頃、細江博士の『動詞時制の研究』（一九三二）『動詞叙法の研究』（一九三三）『精説英文法汎論』（一九四〇）（いずれも泰文堂刊）などを夢中になって読んだものであった。

荒牧氏の学習参考書にはその昔お世話になったひとりであるが、一九七〇年代の初め頃、日本英学史学会の会場でよく小柄な荒牧氏の姿をお見かけした。その頃確か青山学院女子短大の教授をしておられたと記憶する。（故）荒牧鉄雄氏旧蔵の書物と偶然巡り会ったのも何かのご縁であろう。

荒牧氏は、はじめて日本にやってきたイギリス人ウィリアム・アダムズ（一五六四―一六二〇）の研究を進められ、その上陸地が豊後（大分県）の臼杵湾・佐志生《さしゅう》であることを突き止められた。その地には、いま上陸記念碑が立つ。

昔永く『英語青年』誌の編集に携わっておられた喜安璡太郎氏は荒牧氏と交流があり、荒牧氏が東京で空襲のさなかに「灯を細くして」（荒牧氏の手紙から）*NED*(*OED*)に読み耽った話を伝えている（『湖畔通信・鵠沼通信』一九七二）。

（『英語青年』一九九四年四月号の小稿に加筆した。）

二

『英文學風物誌』などの古書たち

中川芳太郎著『英文學風物誌』(研究社、一九三三)には折にふれてお世話になってきた。定年退職で研究室を去るまでは、そこに備え付けのものを使っていたが、そのうち手に入れたいと思いながら今までそのままになっていた。

最近、ある古書店の販売カタログの中に一九五〇年刊行の第八版が載っていた。価格のあまりの安さにハッとして喜んだが、やがて、価値ある本がこんな値段で、と少し悲しい気持ちになった。驚くなかれ、一九五〇(昭和二十五)年出版時の定価を下回る価格であったのだ。古書業界の人たちの話によると、英語・英文学関係の古書は、需要がないため安値になるという。

近年、大学の学部・学科の再編で「国際」とか「情報」とかいう今時人目をひくキーワードを冠した学部や学科が雨後の筍《たけのこ》のように生まれた。即効性のある学問がもてはやされる風潮にながされ、英語・英文学科が整理される憂き目にあう。英語英文関係の雑誌も休刊を余儀なくされ、その系統の古書の需要もガタ落ちとなり、古書価はどんどん下がる。

さて、送られてきた本は、箱が少々傷んでいたほかには欠陥はなく、埃《ほこり》をはらいタオルでていねいに拭うと、すっかりきれいになった。戦後間もなく作られた本とは思われないほどズッシリと重く美事な造本である。菊判・総頁数七六八頁の大著である。立派な一冊を書斎に迎え入れた喜びは格別であった。

思えば、勤め先の研究室で、仕事の合間にアット・ランダムにこの本の頁を開けて拾い読みをし無聊を慰められたことがいくたびあったことだろう。おびただしい数の写真や図版を眺めているだけでも楽しい。作品からの引用文は、むろんふんだんに盛り込まれている。初版が世に出てから七〇年以上を経ても古さを感じさせないのは（動植物、気象・天候などの項目を除いて）歴史的な視点から記述されているからである。さながらイギリス文化史のようで、索引を活用すれば「イギリス文化史事典」となる。

ちなみにこの本は二十年ぐらい前に版元から復刻版が出されたことがある。その頃相当数の方々から要望があったのだろう。価格は、確か二万円を超えていたと記憶する。

復刻版は、紙質と装丁はある程度原本に似せることができよう。泣き所は印刷だ。どんなに精巧な写真製版を以てしても、昔の活版印刷の美しさは再現できない。この本の原本は、わが国の欧文印刷の名だたる印刷所が手がけたのであった。

同じ印刷所で刷られ同じ版元から世に出された石田憲次著『ジョンソン博士とその群』(一九三三)は、内容もさることながら、欧文・和文混淆《こんこう》の版面の美しさが何とも美事だ。その本の頁を繰って眺めていると、心が医される思いがする。

人は新しい情報を求めて新しい書物を購《あがな》う。一方、古書には今時の本が持たない魅力がある。

(『英語教育』二〇一〇年九月号の小稿を修正した。)

三 ある書物の運命

「満二十五年といへば、實に四半世紀で目出たいに違ひない。しかし、この論文集は決して目出たづくしで生まれたものでない事を知っておいて頂きたいのである。それは正會員わずか百五十で、こんな横組のこんな手堅い内容の書物が、しかもこんな時勢に、易々と世に出る筈はないからである。」

右は日本音聲學會の『音聲の研究』第七輯（一九五一年）の編集後記書き出しの文章である。筆者は編集人・大西雅雄教授（一八九七―一九九四）である。普通、この種の書物の編集後記は十行かそこらの短文で済まされるものだが、この本は六ポイントの細字で一頁近くのスペースにびっしり組まれており、執筆者の思いが伝わってくる。先の引用の後を少し続けよう――

「第六輯は昭和十一年に、本會の第十周年記念として出版された。それからこの第七輯が本會の満二十五年記念として、つまり十六年目に續刊されるのである。」

こんな處にまで戦争の惨禍は及ぶ。更に先にはこうある――「第六輯は千五百刷ったら三分の二残り、戦災で紙型もろとも焼失した。」五百部だけが世に出て行って、千部は灰になってしまったというのだ。世に出て行った五百部の半分くらいは戦後まで生き延びただろうか。

この失はれた第六輯は、戦後になって、国内の個人や図書館からばかりでなくアメリカからも何度も注文が来ていると編集後記は伝えている。

ちなみに、『音聲の研究』の第一輯は、音声学会設立（一九二六年十月）の翌る年一九二七（昭和二）年に刊行され、一九八八（昭和六十三）年に最後の二十二輯を世に出している。（現在は『音声研究』と名を変えて毎年三回に分けて刊行していると聞く）

さて、この編集後記の、大西教授の発行元・篠﨑書林への謝辞も、通り一遍にはすまされてはいない――「大きな犠牲出版である。まことに申し上げにくい事だが私が情熱をつくして、學問愛を強要したのである。――私は出版社に目を付けたというよりは、その人、その心に矢を射たのであった。大きい事をいうようだが、日本の文化面はまだ決して人を失ってはいない。」

篠﨑書林は、神田錦町一丁目にあって、私の学生時代から昭和五十年代頃まで、数々のすぐれた英語英文学関係の学術書を手間ヒマかけた堅牢な美しい装丁の本にして世に送り出したすぐれた出版社であった。

（大修館書店月刊『言語』二〇〇九年九月号の小稿を書き改めた。）

四 『ザ・ゴールド・デーモン』——英訳『金色夜叉』

最近、紅葉山人の大作『金色夜叉』のアーサー・ロイド（A. Lloyd, 1892-1911）による英訳 *The Gold Demon* 3 vols.(1905-1909) を入手することが出来た。

早速であるが、サワリのところがどう訳されているか見てみよう。

"Miya," he said, "this is the last time that we shall be together. It is the 17th of January. Where shall I be this time next year, when the January moon shines on the beach at Atami? Where shall I be this time ten years*? See, the moon is getting cloudy, Miya. It will be so for you and me, Miya, next year, and every year and when you see the moon of the 17th of January overcast with clouds, remember that I shall be weeping for you, ——with tears of anger and resentment."

（*sic.）

念のため原文を並べてみよう。

「吁《ああ》、宮《みい》さん恁うして二人が一處に居るのも今夜限だ。お前が僕の介抱をしてくれるのも今夜限、僕がお前に物を言ふのも今夜限だよ。一月の十七日、宮《みい》さん、善く覺えてお置き。来年の今月今夜は、貫一は何処で此月を見るのだか！再来年の今月今夜……十年後の今月今夜……一生を通して僕は今月今夜を忘れん、忘れるものか、死んでも僕は忘れんよ！可《よ》いか、宮《みい》さん、一月の十七日だ。来年の今月今夜になったならば、僕の涙で必ず月は曇らしてみせるから、月が……月が……月が……曇ったらば、宮さん、貫一は何處かでお前を恨んで、今夜のやうに泣いて居ると思ってくれ。」（筑摩書房『明治文學全集』第十八巻による）

日本語を直訳しても英語にならないことは常識であろうが、これは日本語の字句にこだわらない自然な訳文である。ロイドは、訳書の序文の中で書いている――

「英語の衣裳を着たザ・ゴールド・デーモンは、翻訳されたというよりは、むしろ書き直されたものだ。初めの数章は翻訳であるけれど、そのあとは原文の省略された複製である。尾崎の最大の魅力はその言葉なのだが、その魅力はとうてい翻訳では再現できない。紅葉山人はその卓抜な才能と美しい言葉とを以て日本の読者を絶妙な描写の迷路の中にいざなっているが、それを真似ても、悲しいかな不馴れな筆を以てしては極めて退屈なもので終わってしまう。」（著

者訳)

そして言う――「それゆえ、私は原文を縮約し、主人公が口走る独白を圧縮する――いわば、この作品を少々英国風にすることが最良だと判断した。」(同)

ロイドのとった方針は、海外に多くの読者を得るためにも賢明であっただろう。

さて『金色夜叉』は、『読売新聞』紙上に一八九七(明治三十)年一月一日から一九〇二(明治三十五)年五月一日にかけて断続して連載され、本になったのは、前編が一八九八(明治三十一)年七月、中編・後編はそれぞれ一八九九(明治三十二)年一月、一九〇〇(明治三十三)年一月で、その後続編・続々編が刊行される。

ロイド訳の第一巻が、東京麴町區有樂町の有樂社から刊行されたのは、一九〇五(明治三十八)年十二月二十日であった。時にロイドは五十三歳で東京帝國大學文科大學の英文学講師を務めていた。伝導のため来日してから、ちょうど二十年の歳月が流れていた。

この人は、一九一一(明治四十四)年秋に死去するまで、在日すること二十四年にわたり日本文化の進展に貢献したイギリス人である。その間、慶應義塾、東京高等商業学校、立教大学、海軍大学などでも教鞭をとっている。

この訳書のほかに、徳富健次郎の『自然と人生』の英訳 *Nature and Man* があるが、この方は東京の弘學館から出されている。明治期の外国人による日本文学の英訳は寥々たるものである。古くは、Basil Hall Chamberlain (1850-1935) の『英譯古事記』（一八八三）、少し下って William George Aston（1841-1911）の *Nihongi*（英訳『日本書紀』一八九六）ぐらいのものである。

明治の日本文学を海外に紹介したイギリス人としてアーサー・ロイドは再認識されるべきである。

（『古書通信』二〇〇〇年三月号の小稿を修正した。）

五

勝俣銓吉郎の遺したもの

退屈な時、何気なく頭に浮かんだ疑問を晴らそうと内外の色々な辞書に当たってみることがある。そんな時私が頼りにするのは勝俣銓吉郎氏の『英和活用大辞典』である。勝俣氏は本誌(『英語青年』)創刊当時、事実上の編集者であったことも聞き及んでいるが、何と言ってもこの辞書の仕事は大きい。

そこに集積された用例は、実に多弁に多くのことを語ってくれる(説明などつけず言語事実そのものに語らせているのがよい)。他の辞書からは得られない生きた情報に接するのである。もちろん、単に英文を綴る時に役立つだけではない。ページを開くと、1つの仕事に半世紀をかけた明治の英学者の執念が伝わってくるのである。整理不足だという声もあるようだが、だからこそ捜す楽しみもあるというものだ。独力で厖大な用例を集めた努力にまず脱帽すべきである。

勝俣氏の序文にある「作った辞書でなく出来た辞書」であるということばは味わうべきことばであろう。この辞書には安心して頼れるという信頼感は、どの用例もありのままの実例であるということから来る。

この辞書のもつ個性は、事実上一人の力で作り上げたものであることに負っていると思われる。この個性豊かなすぐれた辞書を個性を損なわずに（新しい用例の追加などにより）更に発展させることはできないものであろうか。

ともかく、私は今日もこうして、この偉大な先達の遺した遺産の恩恵に浴することができることを幸せに思う。

昭和三十二、三年頃、ある教員講習会で講師として登壇した白髪の老学者が、「私はウソを教えることが恐ろしくて勉強に励んでいる」と熱誠込めて語った、と報告してくれた同僚の話に感銘を受けた若き日を思い出すことである。ちなみに、氏は一八七二（明治五）年生まれであるから、当時すでに八〇代の半ばを過ぎておられたわけである。他界されたのは、それから間もなくのことであった。

＊

私が右の文章を『英語青年』誌に投じたのは一九八二（昭和五十七）年初夏の頃であった。それから十三年後の一九九五年七月、『新編英和活用大辞典』は刊行された。着手されたのは一九八五年であったというから、ちょうど十年を要したわけである。新しい厖大な用例が追加され、使い勝手もよくなったことは利用する者として誠にうれしいことであった。

新版編集の中心となられたのは早稲田大学の市川繁治郎教授(一九二二-一九九一)であったが、完成を見られることなく一九九一(平成三)年他界されたことは、まことに残念なことであった。

市川繁治郎氏は、一九三八(昭和十三)年東京府立第一商業学校を卒業され、横浜正金銀行に勤務、一九四〇(昭和十五)年文部省中等教員検定試験(「文検」)英語科に合格、さらに、一九四二(昭和十七)年弱冠二十一歳の若さで見事高等教員検定試験に合格しておられる。母校の府立第一商業教諭を経て、戦後日本大学講師から早稲田大学教授となられた。

新版が今われわれの前にあることを大きな喜びとする私たちであるが、『英和活用大辞典』あっての『新編英和活用大辞典』であることは決して忘れてはならないであろう。

ここで改めて『英和活用大辞典』の編者、勝俣銓吉郎の生涯をたどっておくことにする。

一八七二(明治五)年神奈川県に生まれる。一八八五(明治十八)年横濱郵便局書記となり翌年退職、上京して国民英学会正科を同年五月に卒業、引き続き英文科に在学し磯部弥一郎(校長)、斎藤秀三郎、岡倉由三郎らの指導を受け十二月に卒業した。

一八九七(明治三十)年、ジャパンタイムズ社創立と同時に入社した。当時のジャパンタイムズの編集長は札幌農学校出身の武信由太郎（一八六三－一九三〇）で、社説は主筆で同じ学校を出た頭本元貞（一八六二－一九四三）が執筆した。勝俣銓吉郎は、そこで馬場恒吾（後年読売新聞の社長を務める人）とともに翻訳係の仕事をした。武信由太郎は、後年『武信和英大辞典』を世に出した偉大な英学者であるが、勝俣銓吉郎はそこで同じ室にいて親しく指導を受けたのであった。（勝俣は、半世紀後に、満四年間ジャパン・タイムズ社で、武信にみっちり仕込まれた学恩について『英語青年』誌の五十周年記念号に書いている。）一九〇一（明治三十四）年の年に東京府立第四中学校教師となり、一年四か月勤務する。その後三井鉱山合名会社に入社し、団琢磨専務理事の英文秘書となって三年勤務した。

一九〇六（明治三十九）年四月、早稲田大学講師となり（前年そこの教授になっていた武信由太郎の引きによったのであろう）、一九一一（明治四十四）年教授に昇任、一九四三（昭和十八）年七十歳で定年退職するまで三十七年間在職した。しばしば“Waseda Eisaku”（「早稲田英作」）というペンネームを用いたことも、いかにこの学園を愛し、英作文に力を注いだかをよく示していると思われる。多くの著書を遺しているが、やはり『英和活用大辞典』（研究社、一九三九、一九五八）の仕事は金字塔である。個人で二十万ものコロケーションを集めた執念には、ただ頭が下がるばかりである。

（二〇一四・三・二九）

六

喜安璡太郎と子規

高濱虚子の「子規居士と余」（一九一四）という文章がある。虚子が自らの青年期を回想し正岡子規を偲んだ文章であるが、その中ほどに次の件《くだ》りがある。――「居士の歸省中に、も一つ斯ういふ事があったのを思ひ出した。余は二階の六疊に寝轉んで暑い西日をよけ乍ら近松世話浄瑠璃やしがらみ草子や早稲田文學や西鶴ものなどを亂讀してゐるところに案内も何も無く段梯子からニヨキッと頭を出しのは居士であった。上に上って來るのを見ると袴を穿いて風呂敷包みを脇に抱へて居る。居士が袴を穿いてゐるのは珍しいので「どうおしたのぞ。」と聞くと、「喜安璡太郎はお前知っといでうが。あの男から講演を頼まれたので今其を遣って来たところよ。」

「さうかな。何を講演おしたのぞ。」

「文章談をしたのよ。」（『明治文學全集』五十六巻による）

これは、一八九二（明治二十五）年のことで、この時子規は二十五歳の文科大學學生、虚子は中学を卒業したばかりの十九歳であった。虚子は右に引用した件りの終わりのところに「今『英語青年』を主幹している喜安君は此事を覚えてゐるや否や。」と書いている。

もちろん喜安はとても正確に記憶にとどめていたのだ。一九四八（昭和二十三）年十一月に『英語青年』編集部に宛てた「湖畔通信」に、こう誌している——「私が松山中学生であった明治二十五年の夏、当時大学生であった正岡子規が松山に帰省したので私が二、三の同志と出していている雑誌の事業として、子規を聘して六日間文学講演会を催した。……」

さらに、別の「湖畔通信」（一九五一年九月執筆）には、その講演会の内容について、「文学とは何ぞやと説き始め、（村上）浪六の小説の批評、和歌俳句の話で終わった」と書いている。はじめに引いた虚子の文章の「……何を講演おしたのぞ。」「文章談をしたのよ。」という二人のやりとりのあと、子規は携えてきた風呂敷包みを開いて村上浪六の小説『三日月』を取り出して、文章が引き締まってなかなか旨い處があるので講演に持参して話の材料にしたと、虚子に話したという。

二人の記憶が一致することは、記憶が正しいことを示すであろう。喜安璡太郎の認《したた》めているのは、五十九年も前の回想である。確かに強記の人である。中学生の頃活動的な文学青年であったのは、然も有りなむ、と思われる。

ちなみに、喜安璡太郎は愛媛県伊豫郡岡田村（現松前市《まさき》）に生まれ、一八九七（明治三十）年東京専門學校文學科を了えているが、右の引用文に出てくる一八九二（明治二十五）年夏には愛媛縣立伊豫尋常中学校（後の県立松山中学校）の四年生に在学中であった（『湖畔通信・鵠沼通信』に収められている「小伝」を参照）。

（『英語青年』一九九九年三月号の小稿に加筆した。）

七

『英語青年』の執筆者たち――喜安璡太郎の時代

喜安璡太郎（一八七六―一九五五）は、一九〇三（明治三十六）年四月新潟県立高田中学校を辞職して上京し、翌る年四月のある日『英語青年』主筆・武信由太郎（一八六三―一九三〇）にまみえるのである。喜安が『英語青年』の編集を担当したのは、一九〇五（明治三十八）年の九月からで、十月一日発行の十四巻一号が喜安編集の第1号である。時あたかも「英学」の時代から「英語・英文学」の時代へと移行してゆく時期にさしかかっていた（一九〇六年には東京帝國大學文科大學にジョン・ロレンスが就任する）。

『英語青年』一一〇年の歩みの中で、喜安璡太郎が果たした役割は重い。一九〇五年九月から、研究社に業務を移譲する一九四四（昭和十九）年四月まで、四十年に垂《なんな》んとする道のりを英語青年社社主・主筆として歩み続ける。一九三一（昭和六）年十二月の六十六巻六号までの二十六年三か月は、喜安が編集の実務に精力を注いだ時期である。年齢で云うと、二十九歳から五十五歳までにわたる。

　本節では、その期間について、執筆者に視点を絞ってまとめてみる。どの執筆者がいつ初めて誌面に登場するかという観点からまとめ、期間を前期・中期・後期の3期に区切って見てゆくことにする。（原稿の種類は問わず、訳註なども含めるが、目次に姓名が誌されていても断片的な記事の場合は除外する。


前期（一九〇五年十月－一九一一年十二月、十四巻一号－二十六巻六号）

　この時期は、わが国における英語学・英文学研究の黎明の時にあたる。一九〇六（明治三十九）年には、前記のように、ジョン・ロレンス（John Lawrence, 1850-1916）が文科大學に来任し、その門下から市河三喜・八木又三・神保格・千葉勉などの英語学研究者や、土居光知・澤村寅二郎・齋藤勇・豊田實・佐藤清などの英文学研究者が巣立ち、それぞれ高等教育機関の教師に就任する（一九〇八－一九一〇）。

　この期間に、「ミルトン誕辰三〇〇年記念号」（二〇巻五・六号）、"E. A. Poe Number"（二十巻八号）、"Thackery Century Number"（二十五巻八・九号）、"Dickens Number"（二十六巻十号）などの特集号が出されている。

さて、この時期に新しく誌面に登場する人々である。巻・号順に列挙すると――（十四巻）熊本謙二郎。（十五巻）南日恒太郎、勝俣銓吉郎。（十六巻）片上天弦（伸）、杉村縦横（楚人冠）、島村抱月。（十七巻）塩谷榮。（十八巻）今井信之、馬場恒吾、五味赫、平田喜一（禿木）。（十九巻）手塚雄、長井氏晸。（二十巻）夏目漱石、戸川秋骨、馬場孤蝶、神田乃武、安藤貫一、岡倉由三郎、小日向定次郎。（二十二巻）石川林四郎、長岡擴、金澤久。（二十三巻）村田祐治。（二十四巻）厨川白村。（二十五巻）市河三喜、秋山正義、花園兼定、伊地知純正。（二十六巻）菅野徳助、池上佐吉。――これらの人々のうち何人かについて、喜安璡太郎との関係などにふれてみたい。

勝俣銓吉郎（一八七二－一九五九）、平田禿木（一八七三－一九四三）とは、以後長く個人的な交流があったようである（喜安璡太郎『湖畔通信・鵠沼通信』一九七二）。平田禿木との交流の模様は、竹沢荻子「父・平田禿木の思い出」（『英語文学世界』誌一九七四・三）に詳しい。

今井信之（一八八四－一九五四）は、一九〇五（明治三十八）年の文部省教員検定試験（「文検」）英語科の合格者。「新潟県新発田中学校に教鞭を執っていた今井氏は（明治）四十年八月のある日私を来訪された。ここに今井氏と私の親交が始まった」（『湖畔通信・鵠沼通信』）と喜安璡太郎は書いている。喜安璡太郎の文章によると、その際就職の世話もしているようである。今井信之はかねて『英語青年』の「和文英訳練習欄」に投稿していて、担当の武信由太郎は、喜安璡太郎に今井信之の英文を激賞することばを漏らしていたと言う。今井信之は、一九〇九（明治四十二）年通信添削の英語通信社を興し、さらに、一九二三（大正十二）年には*Current of the World* 誌を創刊する。これらの事業は第二次大戦後も続き、英語通信社（「英通社」）は、今井信之の死後も萩原恭平（後出）らの参加でしばらく存続した。（私ごとで恐縮であるが、高校入りたての頃何度か英作文を送った記憶がある。）

長岡擴《ひろむ》（一八七八－一九三〇）も今井と同じ年の文部省教員検定試験の合格者で一九二〇（大正九）年神田乃武の推挙で東京商科大学に勤め、死去するまで同大学予科の教授を務めた。同大学の年少の経済学者・上田辰之助（一八九二－一九五六）と親交が深かった。女優・（故）長岡輝子の父である。

石川林四郎（一八七九－一九三九）が寄稿したのは、「英語英文学に現はれたる花の研究」（二十二巻一号）で、以後二十五巻十二号まで四十八回の連載となった。連載終了から十三年後の一九二四年十一月『英文學に現はれたる花の研究』（研究社）が上梓される。下って一九三〇（昭和五）年には、『英語青年』の題字の揮毫をしている。

市河三喜の寄稿は、市河の友人で、すでに喜安璡太郎に記事を提供していた法科の学生・高柳賢三（後出）の紹介がきっかけであったという（『湖畔通信・鵠沼通信』）。執筆がはじまるのは、大学卒業後の一九一一（明治四十四）年四月、二十五巻一号の「英文典瑣談」で翌一九一二年の二十七巻八号までの連載となる。この連載に、二十七巻に六回にわたって連載された「ヂッケンズと俗語の研究」、もう一つ"For aught I know"を加えて『英文法研究』（英語研究社、一九二二・九）が出版される。その本は、わが国で学問としての英語研究がはじまったことを告げる書物となった。

なお、この本は、一九一六（大正五）年から二年近く『英語青年』に連載された「Irish English の語法」「英語特有の Simile」「不規則動詞の Conjugation について」「Rhythm の研究」の四編を加えて『訂正増補　英文法研究』（研究社、一九二四・二）となった。

中期（一九一二・一－一九二二・九、二十六巻七号－四十七巻十二号）

この期は、日本の英語学・英文学研究の興隆期である。研究組織の面では、一九一七（大正六）年に東京帝國大學英文學會が設立され、一九二〇（大正九）年には同会の機関誌『英文學研究』が創刊される。また、出版の面では、一九二一（大正十）年に『英文學叢書』（研究社）の刊行がはじまる。

『英語青年』の誌面では、三十五巻全巻が"Shakespeare Tercentenary Volume"とされ、四十四巻十号は「John Keats 百年忌記念號」、四十七巻七号から十二号までは、"Shelley

Centenary Number"となっている。

さて、この期に誌面にはじめて登場した人々は――（二十六巻）上條辰蔵、大橋榮三。（二十七巻）井上十吉。（二十八巻）岩堂保、澤村寅二郎、津田梅子、高柳賢三。（二十九巻）土居光知、齋藤勇。（三十巻）渡邊半次郎、大岩元三郎。（三十一巻）細江逸記。（三十二巻）神保格。（三十三巻）山宮允。（三十五巻）八木又三、森正俊、石田憲次。（三十六巻）福原麟太郎、長澤英一郎、苫米地英俊。（三十七巻）本田増次郎、片山寛。（四十巻）繁野天来（政瑠）、佐久間原。（四十一巻）栗原基、豊田實、久野朔郎、村井知至。（四十三巻）石黒魯平、藤井啓一、齋藤静。（四十四巻）富田義介、島文次郎、岡本清逸、竹友藻風。（四十五巻）勝田孝興、高垣松雄。（四十六巻）木方庸助。（四十七巻）伊東勇太郎、秋山篤英、加藤東知。

高柳賢三（一八八七―一九六七）が書いたのは、「英國の辯護士」という文である。前記のとおり、友人の市河三喜を喜安璡太郎に紹介した人で、東大英語会などの情報を喜安璡太郎に伝えた。後年の英米法の大家である。

細江逸記（一八八四―一九四七）がはじめて寄稿したのは、三十一巻の「Swank に就いて」である。五十五巻七号（一九二六）から六十巻六号（一九二八）まで長期連載された「Silas Marner に現はれたる方言」は、先にこの章のはじめに触れた『ジョージ・エリオットの作品に用ひられたる 英國中部地方言の研究』（泰文堂、一九三五）へと発展する。

八木又三（一八七七―一九二六）の文章は、「ロレンス先生」（三十五巻三号）で、愛弟子たちによるこの英人教師追悼文のトップに掲載されている。すでに、この本のⅢ章のはじめに取り上げたように、一九二六（大正十五）年、新しい任地（京城帝國大學法文學部）への赴任の直前に大阪で病に斃れた悲運の英語学者である。小樽時代に心血を注いで完成した原稿『英詩から見た和歌形式論』は、松本に転じてから日の目を見る。この一九二〇（大正九）年の裳華房版が世に出てから十四年後（著者の歿後ちょうど十年）に金星堂から再版が出る。そして、『英語青年』に二度目の詳細な書評が掲載されるのである。異例のことであろう。（評者八木毅氏。ちなみに、その頃文理大助教授・福原麟太郎が事実上の編集長であった。）

石田憲次（一八九〇―一九七九）の名前が誌面に現れるのは、一九一六（大正五）年八月からである。しかし、『英語青年』への執筆は、その七年近く前にはじまっている。喜安璡太郎は書いている――「石田博士を初めて知ったのは博士が東京外語の学生であった時である。石田博士出身の山口県徳山中学校の教諭であった私の友人弥吉保次氏の紹介状を持って石田さんは遊びに来られた。それは英語青年社が本郷丸山新町に在った時代で四十年前のことである。それから学校通信を始めいろいろ『英語青年』に書かれるようになった。」（『湖畔通信・鵠沼通信』）

石田博士自身『英語青年』に書いている――「明治四十二年（一九〇九年）の九月ころだっ

たと思う。私は越後の高田で（喜安と）同僚だったという中学の先生（弥吉保次）の紹介状を持って、丸山新町の喜安さんのお宅――英語青年社を訪れた。」（『英語青年』千五百号記念号）こうして匿名で東京外語英語科の評判記が誌上に出る。

さて、いよいよ、福原麟太郎（一八九四－一九八一）の登場である。一九一六（大正五）年十月である。G. K. Chesterton : *The Blue Cross* の翻訳である（対訳になっていて「寶物」という標題が付いている）。「R. F. 生翻譯／R. I. 生補註」と記されていて、福原の名は出ていない。「R.I. 生」とは石川林四郎で、この時石川林四郎は東京高等師範学校の教授で「R. F. 生」こと福原麟太郎はそこの学生であった。恩師である石川林四郎にすすめられたもので、二十二歳になったばかりであった。これが、福原麟太郎の長きにわたる『英語青年』誌との関係のはじまりであった。

ちなみに、「福原麟太郎」という活字がはじめて『英語青年』の誌面に現れるのは、一九一八（大正七）年二月で、文章のタイトルは「プレイフェア先生の『英詩講義』」であった。

一九二〇（大正九）年九月に初めて寄稿している齋藤静《しずか》（一八九一－一九七〇）は、長く福井の地に在って研鑽を積んだ篤学者である。右の寄稿は、県立大野中学校教諭であった時である。『雙解英和辞典』（一九四四、冨山房）などで知られるが蘭学史家でもあり、『日本語に及ぼしたオランダ語の影響』（篠崎書林、一九六七）は、四十年余の歳月をかけた労作である。

喜安璡太郎の晩年にしばしば私信を寄せていたことが『湖畔通信・鵠沼通信』に誌されている。

後期（一九二二・一〇－一九三一・一二、四十八巻一号－六十六巻六号）

この期は、日本の英語学・英文学研究が大きく進展する時期である。官立大学の学部増設および新設は、その推進力になったと思われる。一九二二（大正十一）年東北帝國大學法文學部、一九二四（大正十三）年九州帝國大學法文學部、一九二六（大正十五）年京城帝國大學法文學部、一九二八（昭和三）年には臺北帝國大學が設置され、文政学部の研究・教育活動がはじまる。翌る一九二九（昭和四）年には、東京と広島に文理科大学が設置される。

人的な面では、一九三一（昭和六）年にウイリアム・エムプソン（William Empson, 1906-1984）が来日、東京文理科大学で教えた。

物的な面では、一九二八（昭和三）年に、*N.E.D.*（*O.E.D.*）が完成をみているし、『英文學叢書』（研究社）全一〇〇巻の完結（一九三二年）が間近である。

『英語青年』の誌面では、一九二四（大正十三）年五月「バイロン記念號」、同年十・十一月「コンラッド記念號」、一九二七（昭和二）年七・八・九月“Blake Numbers”、一九二八（昭和三）年四・五・六・七月“Hardy Numbers”、一九二九（昭和四）年前半全十二冊は坪内逍遙訳完成を記念して"Shakespeare Numbers"としている。一九三〇（昭和五）年十・十一・十二月は"Poet Laureate Numbers"となっている。

この期に初めて『英語青年』の誌面に現れる人々は——（四十九巻）篠田錦策、兼弘正雄。（五十巻）河村重治郎、矢野峰人（禾積《かづき》）、日高只一、内多精一、左右田實。（五十一巻）西村稠、横山有策、萩原恭平、E. Blunden.（五十二巻）船橋雄。（五十三巻）壽岳文章、磯邊彌一郎。（五十四巻）小澤準作。（五十五巻）宮島新三郎、藤澤周次。（五十六巻）上田畊甫。（五十七巻）寺西武夫、井上思外雄、上田辰之助、日夏耿《こう》之助、楳垣實。（五十八巻）富田彬、宮森麻太郎。（五十九巻）濱林生之助、織田正信。（六十巻）黒田巍。（六十一巻）長谷川誠也、田部重治、野上豊一郎、松浦嘉一、老田三郎、中西信太郎、中野好夫、石橋幸太郎。（六十二巻）和氣律次郎、宮田幸一、浦口文治。（六十三巻）須貝清一、高部義信、尾島庄太郎、龍口直太郎、加藤朝鳥。（六十四巻）小宮豊隆、野尻抱影。（六十五巻）中内正利、古瀬良則。（六十六巻）西川正身。

河村重治郎（一八八七—一九六九）と西村稠《しげし》（一八八六—一九六六）は、ともに一九一九（大正八）年の第一回英語科高等教員検定試験の合格者で、後年ともに横濱高等商業学校教授を務めたことはⅡ章でのべた。

萩原恭平（一八九八—一九六九）は、『英語青年』誌の編集にかなり永い間（三十二年に及ぶと云う）携わっていたが、喜安璡太郎は、この人の校正のあざやかさなど有能な編集部員であったと思い出を誌している（『湖畔通信・鵠沼通信』）。私たちの世代の者には、太平洋戦争が終わったばかりの頃の中学校用英語文部省検定済教科書*Jack and Betty*――*English Step by Step*（開隆堂、一九四九）の三人の著者の代表者として懐かしい名前である。（喜安璡太郎は、その教科書が大ヒットだったと書いている。）永年早稲田大学の教授を務め、*Current of the World*の主筆を務めたこともある（『湖畔通信・鵠沼通信』参照）。

壽岳文章（一九〇〇–一九九二）の名はしばしば『湖畔通信・鵠沼通信』に現れ、親しい交わりがあったようである。その本の記述の中に、そこはかとなく年少の文人・学者への敬愛の念が偲ばれる。

濱林生之助《いくのすけ》（一八八七–一九四七）は、すでにⅠ章でくわしくふれたが、一九二八（昭和三）年の『英語青年』誌 "Hardy Number" に「ハーディ逝く」を寄稿している。濱林は広島で木方庸助らとともに小日向定次郎に学び、小樽で伊藤整らを教えた。『湖畔通信・鵠沼通信』に、一九五五（昭和三十）年一月号の『文藝春秋』誌掲載の伊藤整の「卒業期」から濱林教授の授業風景の箇所が引かれている（そのことはⅠ章二節でもふれた）。『英語研究』誌（研究社）によく執筆した人である。

高部義信（一九〇八–一九九五）は、法学部政治学科出の英語人である。喜安璡太郎の『湖畔通信・鵠沼通信』にしばしば登場しているが、戦前に出した『時事英語辞典』（研究社、一九三七）は、ユニークな辞書として評価が高かったと、喜安璡太郎は書いている。大戦後間もなく雑誌『時事英語研究』（研究社）を創刊、永年主筆として活躍した。また研究社出版の役員を務める傍ら日本時事英語学会（一九五九年創設）の発展のため側面から援助を惜しまなかった。「時事英語」という用語を創出した人とされる。

＊＊＊

ここまで、喜安璡太郎が、英語青年社を経営しつつ編集の実務に精力を注いだ二十六年余りの間の『英語青年』誌の誌面を、三つの期間に分けて執筆者の面から見てきた。

喜安璡太郎の編集にかかわる仕事はそこで終わってしまうわけではもちろんない。一九四四（昭和十九）年に『英語青年』誌発行の全業務を研究社に移譲するまで編集とのかかわりは続いてゆく。通算すると、四十年にも及ぶ歳月で終始名編集者であった。

その間の、多くの英語・英文学者たちとの交流の模様はしばしば取り上げた『湖畔通信・鵠沼通信』に書きとどめられている。幾多の学徒を世に送り出した日々の記憶をたどる文章には、ほのぼのとしたものが行間に溢れていて、読む者を魅きつけて止まない。

こうして喜安璡太郎が日々培ったものは、福原麟太郎らに確りと伝えられてゆくのである。

（『英語青年』一九九九年二月の千八百号記念号掲載の小稿を書き改めた。）

八

小西友七の英語への旅路

第二次大戦が終わって七〇年の歳月が流れた。その戦いは、この国の多くの人々に悲惨な生活を強い、多くの悲劇を生み悲しみはいつまでも癒えることはない。

小西友七は、日中戦争がはじまった次の年一九三八（昭和十三）年四月東京外国語学校英語科に入学した。火野葦平の徐州会戦従軍記、『麦と兵隊』が雑誌『改造』（改造社）に発表された年である。一九四一（昭和十六）年十二月八日、この国は対米戦争へと突き進む。その戦争がはじまった十二月に、小西青年たちは春三月を待たず東京外語を卒える。いわゆる「繰り上げ卒業」であった。（同校は四年制の専門学校であった。）彼等を待っていたのは兵営であった。年が明けて二月には入営、戦地へ送り出されたのであった。

小西友七は、戦争末期の一九四四（昭和十九）年三月から七月初めまで戦われたビルマ（現・ミャンマー）でのインパール作戦にも従軍、コメ輸送隊の小隊長として五十八人の隊員を率いて奮闘する。（この作戦に参加した日本側の約十万人の将兵のうち、戦死者約三万、傷病者約四万五千にのぼった。）

小西友七がビルマから復員したのは終戦の翌る年七月であった。戦地で罹ったマラリヤの後遺症に苦しむ日々であった。帰還した五か月後の一九四六年十二月滋賀県立膳所《ぜぜ》中学（現・大津高校）教諭となり一年三か月の間教壇に立ち英語を教えるものの、戦時中に受けた不満足な英語教育のまま教壇に立ち続けるのを潔しとせず同校を退職、妻子をかかえ戦時の病の後遺症が続くなか京都大学文学部へ進学する。

京都大学を卒えた一九五一（昭和二十六）年の四月、神戸市外国語大学の助手となり、同大学講師として教壇生活が再開され、本格的な研究のスタートが切られる。処女論文は『英語青年』誌の一九五三（昭和二十八）年十月号（英語学新人論文号）に掲載された「前置詞と動詞の結合」であった。それから間もなくはじまったのは、研究社〈英文法シリーズ〉第19巻の『前置詞（下）』の執筆である。同書が世に出たのは、一九五五（昭和三十）年五月のことであった。同シリーズは、大塚高信・岩崎民平・中島文雄監修のもと、当時の新進気鋭の英語研究者二十五名によって執筆されたもので、戦後のこの国の英文法研究を推進させる力となってゆく。

「英文法シリーズ」執筆後の小西教授の活躍は周知のことで多言は無用であろう。研究社・大修館・三省堂などから矢継ぎ早に研究書・文法・語法辞典を世に出され、さらに各種の英和辞典の編集主幹をつとめられた。

勤務先の神戸市外国語大学には一九八三（昭和五十八）年まで三十二年間勤めやっかいな校務もこなし、その後甲南女子大学教授を八年間勤められた。

英語学者として教授が果たした役割は重要である。理論研究が重要なことは云うまでもないが、個々の言語事実をしっかり把握することを疎かにしてはならない、そのことを身をもって示したのが小西教授であった。大修館『英語教育』誌の「クエスチョン・ボックス」欄の骨の折れる仕事を四十年余りも担当することは余人にできることではない。長い間このようにして、まじめな英語教師たちの力になられたことも決して小さいことではない。

英語語法・文法学会を創設されて、ややもすれば疎んじられる言語事実の探求を「語法研究」の域にまで高められた功績は忘れられてはならないであろう。今や、神戸は語法研究のメッカである。小西教授がたくさんのすぐれた英語語法研究者を育て上げたことも記憶にとどめるべきことである。

二〇〇六年九月十日、小西友七教授の英語への旅は終わった。八十九年キッカリの生涯であった。

（二〇一四・九・三、大修館書店『英語教育』二〇〇六年十二月号追悼録の児玉徳美氏の文などを参照した。）

Ⅶ章　札幌農学校の光芒

まえおき

札幌農学校は、明治政府によって開拓がはじめられたばかりの北海道に一八七六（明治九）年に創設された。設置にあたって、開拓使（一八七七年設置）はマサチューセッツ農学校（The Massachusetts Agricultural College）の組織や制度をモデルとし、同校の校長であるウイリアム・クラーク（William Smith Clark, 1826-1886）を同校在職のままという条件付で招いたのであった。表向きは「教頭」というかたち（日本人の校長は名目のみで開拓使の役人を充てた）になっていたが、実質的に校長であり、そのことは双方で了解済みであった。教師たちの選定も、もちろん「教頭」クラークに委ねられた。

当時の北海道は、南西部の海沿いのところどころを除いてほとんどが、未だ未開の原野と云ってもよい状態であった。開拓使が置かれた札幌は、未開の原野の只中に拓かれたかたちであった。開拓使が、イギリスやドイツではなく、開拓途上国アメリカ（西部開拓が最終段階にきていた）からこの学校の「教頭」を招いた意図はよく理解することができる。

以上、この章の中味に入る前に、この学校のなりたちについて、必要最小限のことを、まえおきとして述べさせていただいた。

一　英語の達人たち——草創期の意外な成果

さて、こうしてスタートした札幌農学校の教育であるが、初期の同校は、開拓使が期待したもののほかに、意外な分野で活躍する人たちを次々に生み出していくのである。その人たちを以下概観しておくことにする。

一八七六（明治九）年に入学し、四年間の札幌での修学を了え一八八〇（明治十三）年に「開拓使御用係」に任官した第一期生たちは二十四名であったが、その中からは、五年間の開拓使奉職義務（修学費用は官費でまかなわれ無料であったため、このような義務を負った）を終えた後意外な方面で活躍する二人の卒業生が出てくる。

神奈川県出身の大島正健（一八五九－一九三八）は、名著『クラーク先生とその弟子たち』（寶蔵館、一九三七）で世に知られるが、クラークが離日がせまった一八七七年三月五日、「イエスを信ずる者の誓約」への署名を学生たちに求めた時からの敬虔なクリスチャンで、言語学者

大島　正健

として大成した人である。この人は、十九世紀アメリカの大作家ナサニエル・ホーソン（Nathaniel Hawthorne, 1804-1864）の作品をわが国で初めて翻訳紹介した人であるが、そのことは、今ではほとんど世に忘れられてしまっているようである。その翻訳作品の発表の場は、一八八五（明治十八）年に創刊された『女學雑誌』で、発表された翻訳作品は、ホーソンの『トワイス・トウルド・テイルズ』（*Twice-told Tales*, 1837）などに収録されている作品の翻訳で、掲載は一八八九（明治二十二）年の一月から十二回にわたった。一八九四（明治二十七）年には、それらの翻訳をとりまとめて、『ありふれ物語』（警醒社）として公刊した。

大島正健は一八八三（明治十六）年から一八九三（明治二十六）年まで十年間札幌農学校で英語と数学の教師として学生の教育にあたった。その時の教育経験から、独学で音韻学研究の道に入り、永年の研究成果が学位論文『支那古韻史』となる。（この論文集は、一九二九年冨山房から公刊されている。）

一期生のもう一人の変わり種荒川重秀（一八五九－一九三二）は江戸本所に生まれた。文字通り波瀾万丈の生涯を送った人であるが、この人の人生の多くの場面が英語と係わりをもっている。今日世に忘れられた英学者であるのはまことに残念なことである。

一九〇七（明治四十）年に、「洋劇研究会」を結成して、当時一流の劇場であった東京座（神田三崎町・現千代田区三崎町）でシェイクスピア劇『ジュリアス・シーザー』を原語で上演、自らシーザーの役を演じたのである。原語で上演しただけに一般人からの反響は想像がつくが、一九〇七（明治四十）年五月二十五・二十六日という二日間は、日本人の手で原語によるシェイクスピア劇が初めて一般の劇場で公開上演された日として日本英学史に特筆されるべき日である。（この人については、このあと改めて詳しく述べることにする。）

二期生は、一八七七（明治十）年に入学し一八八一（明治十四）年に卒業し、開拓使御用係となった。二期生は十八名であった。

この学校に学んだ多くの学生たちに、直接間接多大な影響を及ぼした初代教頭ウイリアム・スミス・クラークは、一八七七（明治十）年の四月に帰米したので、その年八月に入学した二期生たちは直接クラークの謦咳《けいがい》に接することはなかった。

この期の学生たちの中から、後年日本近代思想史に燦然と輝く二人の人物が生まれる。

内村鑑三（一八六一－一九三〇）は、江戸の藩邸で高崎藩士の子として生まれた。

多大な仕事を後世に遺した巨人であるが、本書で取り上げる側面では、まず、同期生・新渡戸稲造、岡倉天心らとともに「日本三大英文家」の一人とされる優れた英文ライターであることを忘れてはならない。*HOW I BECAME A CHRISTIAN: OUT OF MY DIARY*（1895）などの英文著作があることは周知のことである。

英米文学紹介の仕事も忘れてはならない。中でも重要なのはホイットマン（Walt Whitman, 1819-1892）紹介の仕事である。「わが国に Whitman の巨大な姿とその精神の全貌を命をもって伝えたのは、何といっても内村鑑三を第一としなければならない。」（亀井俊介『近代文学におけるホイットマンの運命』研究社、一九七〇）と専門家は評価している。

もう一つ、私は『外國語之研究』（警醒社書店、一八九九）の仕事も忘れてはならないと思っている。語学研究の面であるが、その点については、改めて後の節で取り上げることにしたい。

新渡戸稲造（一八六二―一九三三）は岩手県に生まれた（一八七一年から一八八九年まで、叔父の養子となり太田の姓を名のった――後の記述のために）。*Bushido: The Soul of Japan*, the Leeds and Biddle co. 1899, によって日本人の心を世界に知らしめた。国際人として活躍したが、晩年は日米関係の悪化を憂慮し、太平洋の架け橋となるべく努力した国際人であることはよく知られている。

英文著書を遺したことのほかに、イギリスの思想家・カーライル（Thomas Carlyle, 1795-1881）をこの国の人たちに紹介した仕事を忘れてはならない。東京・札幌の教室でカーライルの『サーター・レザータス』*Sartor Resartus*（衣裳哲学）を教え、その思想を紹介し、一般の人々を対象とする講演会でも、しばしばカーライルについて講じている。

もう一人の二期生岩﨑行親（一八五八－一九二八）は香川県生まれ。この人は思想信条からみると、むしろナショナリストの系統の人と思われるが、和英辞典の編纂にたずさわっている。Francis Brinkley, 南条文雄らと共編で『和英大辭典』（三省堂、一八九六）を出版し版を重ねている。

三期生は、一八七八（明治十一）年に入学し一八八二（明治十五）年に卒業した。一八八二（明治十五）年二月に開拓使が廃止されて、札幌農学校は農商務省農務局の所管となる。農商務省は開拓使当時の条約を解いて入校誓約書を学生たちに返還し解約したので、五か年の開拓使奉職義務も消滅した。その結果、三期生十八名のうち、約半数は道外に就職した。

三期生・佐久間信恭（一八六一－一九二三）は江戸の生まれである。この人については、すでにI章でもふれているが、このあとこの章で再び取り上げるつもりであるので、ここではごく簡単に述べるにとどめる。

この人の業績に『和英中辭林：會話作文』（東京郁文社、一八七四）がある。同辞典は、和英辞書史の専門家・町田俊昭氏の評価では、「比較的現代の和英の趣きに近い自主的なもの」のうちで最も古いもの、とされている（『日本の英学一〇〇年』明治編、一九六八）。

三期生からもう一人。斎藤祥三郎（一八六三－一九〇六）は新潟県出身。東京英語学校（私学で日本中学の前身校）で生理学と英語のリーダーを教えた。その学校に学んだ長谷川如是閑（一八七五―一九六九）によると、身の丈五尺（一五一センチ）ぐらいの小柄な人であったという。（長谷川如是閑『ある心の自叙伝』（朝日新聞社、一九五〇）に、その授業風景がスケッチされている。）その後一八九八（明治三十一）年に外務省に入り、翻訳官として名文をもって謳われた。（井上和英辞典の井上十吉の後任であった。）

斎藤祥三郎は喜安璡太郎と親交があったが、斎藤が、札幌農学校で一年後輩の武信由太郎に喜安を紹介する。武信由太郎は『英語青年』誌を創刊した人であるが、喜安璡太郎は武信のあとを引き継いで見事な英語雑誌に育て上げてゆく。

すでにV章でふれたようにこの三期生・斎藤祥三郎は、駐米大使として戦前の日米関係が険悪な時期に関係改善のために努力を重ね彼の地で斃れたアメリカ大使斎藤博（一八八六―一九三九）の父である。

四期生は、一八八〇（明治十三）年に入学し一八八四（明治十七）年に卒業した。合わせて二十名であった。この期の人たちは、入学後官費制度が廃止され開拓使奉職の義務もなくなった。

武信由太郎（一八六三―一九三〇）は鳥取県出身。「英文報國」ということが、この人の人生のモットーであった。英語の実際面の大家であった。

この人が『英語青年』誌を創刊したのは、一八九八（明治三十一）年のことである。この『英語青年』の父は、創刊時から死の直前に至るまで三十年間「和文英訳練習」欄を担当して多くの英文家を育てるのである。（創刊当時の誌名は『青年』であった。）

『英文日本年鑑』*The Japan Year Book* を創刊したのは一九〇五（明治三十八）年のことである。それから文字通り四半世紀にわたって、私財を投じながら続刊し続け、外国人に日本を紹介したことを忘れてはならない。

『武信和英大辞典』（研究社、一九一八）をほとんど独力で執筆して世に送り出した功績も多大である。この和英辞典が今日の和英辞典の原型となったからである。

永年早稲田大学などの教壇に立って学生の教育に当たったことも忘れてはならない。早稲田大学商学部教授（高等師範部兼任）となったのは、一九〇五（明治三十八）年のことであるが、一九三〇（昭和五）年四月の死の間際まで教師のしごとは続く。

この包容力大きな人のもとに多くの英語人が集うのである。伊地知純正（一八八四－一九六四）、喜安璡太郎（一八七六－一九五五）、増田綱（一八九〇－一九七〇）、田中菊雄（一八九三－一九七五）、長井氏晸（一八七五－一九五四）、上井磯吉（一八八七－一九六八）などの面々である。

頭本元貞（一八六二－一九四三）は武信由太郎と同じ鳥取県出身である。この人は英文ジャー

『英文日本年鑑』の広告（『英語青年』誌）

ナリスト。わが国の英字新聞の父である。札幌農学校を卒業して『ジャパン・メイル』紙の記者となる。この人がジャパン・タイムズ社を創めて*Japan Times*紙の主筆となったのは一八九七（明治三十）年三月のことである。

頭本元貞は、農学校在学中にすでに、英字新聞を発行して日本を海外に紹介することを一生の仕事にしようと決心していたというが、初志を見事貫いたのであった。

もう一人。七期生の内村達三郎（一八六五–一九三四）は、内村鑑三のすぐの弟である。自己の性格故に不遇落魄の生涯を生きた人であるが*、そのことはさておいて、日本英学史に永遠にとどめられるべき業績を遺している。ミルトン（John Milton）『失楽園』（*Paradise Lost*,1667）第一巻・第四巻のわが国初の訳注（一九〇五・一九〇七）である。（内村達三郎たちの札幌農学校予備科から本科へ進学する際の試験成績が北海道大学に保存されているが、英語の得点にかぎってはあまり良くない。本科に入学してから四年間に英語の学力がよほど伸びたものと思われる。）

＊（故）生地竹郎教授がこの人の生涯について行きとどいた調査をされて、この忘れられた英学者の生涯に光を当てられた。（『英語青年』一九六九・一九七二、『東北大学教養部紀要』一九七二）

初期の札幌農学校からは、今まで見てきたように予期せぬ意外な方面で活躍する人材が輩出する。英語の達人たちである彼等は札幌で身につけた実際に使える英語力を存分に駆使して世に羽ばたいていくのである。さらにまた、それらの人々のうち幾人かの人たちは、英文著書を世に出すなど幅広い活動をして日本の近代思想史に屹立《きつ》する業績を遺している。

このような成果は、この国の当時の高等教育機関の中で異例のことであった。意外な成果を生み出す決め手となったのは、いったい何であったのだろうか。そこでは、どのような教育がおこなわれたのだろうか。

以下、この章では、初期の札幌農学校でおこなわれた教育を具体的に見てゆくことにする。

（二〇一四・四・二）

頭本元貞（昭18『英語青年』88巻12号より）

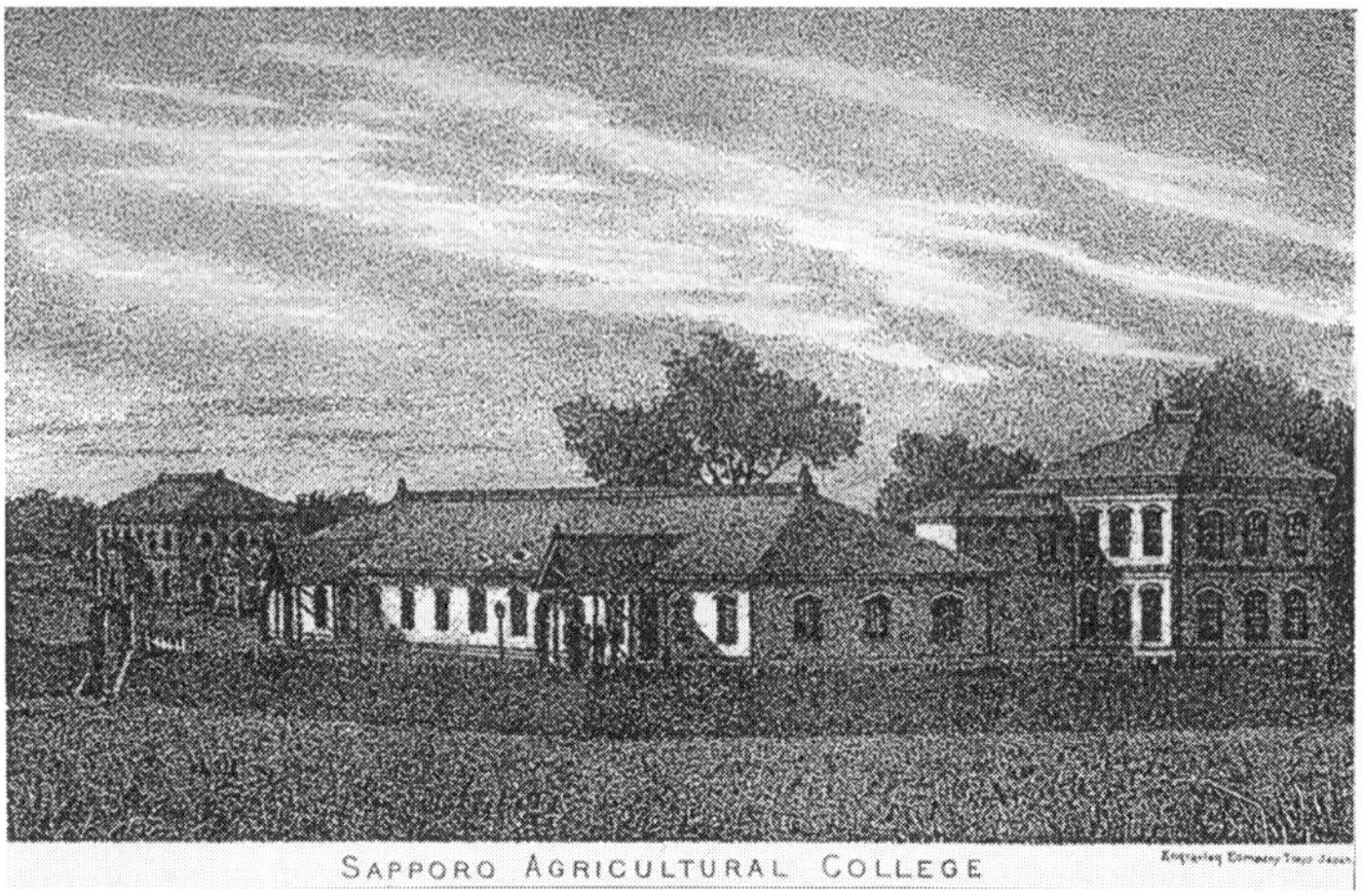

札幌農学校校舎（『札幌農黌第一年報』所載の版画）

二　札幌農学校初期の教育

(一) 札幌農学校とアメリカ

初期の札幌農学校の教育は、アメリカ人のお雇い教師たちによっておこなわれたという点で、当時の官立高等教育機関の中で特異なものであった。

他の官立高等教育機関では、ヨーロッパからお雇い教師を招いて学生の教育に当たらせた。たとえば、二つの技術系官立校、工部大学校（東京大学工学部の前身）と駒場農学校（東京大学農学部の前身）の場合、前者ではイギリス人教師が、後者では、はじめはイギリス人、後にドイツ人教師が教育をおこなった。

札幌農学校の教育は、一八六七年に創設されたマサチューセッツ農学校（Massachusetts Agricultural College, 今日のマサチューセッツ州立大学アマスト校、University of

Massachusetts at Amherst）の教育をモデルにしてはじめられる。このマサチューセッツ農学校は、一九世紀半ばに設立された典型的なリベラル・アーツ・カレッジ（liberal arts college）であるアマスト・カレッジ（Amherst College, W.S. クラークの母校である）の教科課程から多くの学科目を採り入れているのである。

こうして、初期の札幌農学校の教育は、十九世紀アメリカのリベラル・アーツ・カレッジの教育の特徴を色濃く反映することになる。専門教育とともに、リベラル・アーツ（liberal arts, 自由な学芸、つまり語学や、今日一般教育といわれるもの）にもかなりの時間数を割く教育が行われてゆく。

十九世紀中ほどのアメリカの高等教育は、「リベラル・アーツにウエートを置いた教育から専門教育中心へ」という高等教育の歴史の流れから見ると、ドイツやイギリスなどヨーロッパの高等教育に一歩遅れた段階にあったと云わなくてはならないかも知れない。たとえそうではあっても、ここで札幌農学校がアメリカの高等教育をモデルにしたことは、決定的な意味をもつと考えられる。リベラル・アーツの教育は、いわば、文化の根底にあるものを教える教育である。この国日本は、リベラル・アーツの伝統を欠いていて、文明開化の明治初年になってもそういう土壌は未だほとんど形成されていなかった。

そのような、当時の日本の文化状況を、W.S. クラークが一八七七（明治十）年に離任したあとを継いで教頭の役をになったW. ホウィーラー（William Wheeler, 1851-1932）が見事に論じている――

「数百年間学問を尊重しながら、自然や人間の能力などの法則や原理を学ばず、すべての知識の本源として全く中国の古典に、尊崇といってもよい位まで依存し、それを超えてその上に進もうとする衝動もうまれなかった。知の戦の唯一の武器であるおびただしい数の漢字を習得するのに厖大な時間が必要で、そのために、それを超えてその上へ進む力も時間もなかった。」

と断じ、

「日本古来の学問は記憶ということを最高度に育て、思考力を蔑《ないがし》ろにしてきた。その工芸や産業は幾時代も通じて同じで、発明や創意に富む着想を生み出す能力を犠牲にして、驚くべき模倣と手の技を生み出した。」

W. Wheeler
ホウィーラー教授

と評している（引用文は、*Second Annual Report of Sapporo Agricultural College*, 1878, 所載のホウィーラー報文を著者が和訳したもの）。

さて、中央の技術系官立高等教育機関であった工部大学校や駒場農学校では、専門教育だけに集中した教育がおこなわれ、西欧の科学技術の習得に明け暮れる。

一方、札幌農学校では、アメリカ人お雇い教師たちは科学教師として専門教育にあたっただけでなく文化の根底にかかわるリベラル・アーツ（liberal arts）をも教えたのであった。専門だけに片寄らない全人間的な教育がおこなわれたのであった。そして、学生の内なる可能性が開発されていった。

初期の札幌農学校の教育は、中央で廃校論が起こった（一八八五年の太政官大書記官・金子堅太郎の視察・報告が発端となった）ことからみると、北海道開拓には直接あまり役立たなかったのかもしれない。

しかし、それよりもっと大きな、何人も予期しなかった大きな役割を果たすことになる。北辺のフロンティアに開設されたこの学校は、この国の近代化の推進力となるすぐれた人材を輩出して、精神文化の面でこの国を開拓することになるのである。

この学校に学んだ学生たちがアメリカ人教師たちと、そしてアメリカ文化と出会ったことは、当時の日本にとって幸いなことであった。

(二) 教科課程の特異性

それでは、具体的に教科課程（カリキュラム）を見ることにする。

その中味に入る前に、まず制度面を確認しておきたい。修行年限はマサチューセッツ農学校と同じ四か年であるが、マサチューセッツ農学校の一か年・三期でなく一年を二期に分けた。

さきに、初期の札幌農学校ではリベラル・アーツにもかなりの時間数が割かれていたと述べたが、具体的に見てみよう。学科課程表の中からその範疇（カテゴリー）に入る学科目を抜き出してみると、

（カッコ内の数字は週当たり時間数）

〔一年前期〕代数学（6）、英学（6）、日本語（4）

〔一年後期〕幾何学及び解析幾何学（6）、英学（2）、演説法（2）

〔二年前期〕英学（2）、演説法（2）

〔二年後期〕英文和訳・和文英訳（2）

〔三年前期〕英学（4）、日本語（2）

〔三年後期〕英文学史（6）、英語・日本語作文及び翻訳（6）

〔四年前期〕臨機英語討論（2）、物理学（6）

〔四年後期〕心理学（4）、政治経済学（4）、英語演説（1）

この表の中で、「英学」と表記されているのは、英語のことであり、「演説法」と書かれているのは、英語の演説法である。

英語英文学関係の学科目にかなり多くの時間が充てられていることに注意しておきたい。英文学史や心理学まで教えられたことは注目に値するだろう。

以上みてきた初期の札幌農学校の教育内容は、その当時の他の技術系高等教育機関の教育内容と較べてどのように異なっているだろうか。先にふれた同時代の駒場農学校と工部大学校の開設学科目を見てみよう。

駒場農学校の開設から一八八〇（明治十三）年の帝國大學への吸収合併に至るまでの史料（安藤圓秀編『駒場農学校等史料』東京大学出版会、一九六六）を調べてみると、その間たびたび教科課程の変更をみているが、どの時期にも、本科の教科課程に英語英文学関係の学科目は見られないし、歴史・心理などの文科系の学科目も全く設けられていない。工部大学校についても同様である（舊工部大學校史料編纂会『舊工部大學校史料』一九三一参照）。両校の本科では、すでに専門教育中心へと転換していたドイツやイギリスの高等教育機関にならって、専門に集中する教育がおこなわれていたのである。

一八八五（明治十八）年の明治政府の高官・金子堅太郎の農学校視察・報告については前項でふれたが、札幌農学校当局は、自校存亡の危機に直面して、教科課程を根本的に改めることで危機を切り抜けざるを得なくなる。本項でお示しした、リベラル・アーツをも重視した教科課程で教育を受けたのは一八八五（明治十八）年入学の八期生までで、一八八七（明治二十）

年の入学生から新しい教科課程で教育を受けることになる（一八八六年は学生募集なし）。

㈢ 英語による生活

初期の札幌農学校では、本科の授業はすべて外国人教師によっておこなわれたが、当時は、高等教育機関の日本人教師の養成は緒についたばかりであったから、札幌農学校以外の学校でも当然外国人教師が教えることが多かったはずである。（もちろんここで話題にしているのは、いわゆる専門科目の教育についてである。）だが、授業形態が決定的に違っていたのである。たとえば、前掲の駒場農学校の史料で一八七七（明治十）年の所を見ると、次のような記事が繰り返し出てくる。

「〇〇教師〇〇〇〇氏〇〇ヲ〇〇〇ニ教授シ譯官之ヲ補助ス」

「〇〇教師〇〇〇〇氏〇〇ヲ〇〇〇ニ教授シ譯官之ヲ口譯ス」

「〇〇學譯官〇〇〇ニ複講ヲ授ク」

これらの記事は、通訳者（「訳官」）が授業に深く関わっていたことを示している。授業形態が札幌農学校の場合とは全く異なっていたわけである。

札幌農学校では学生たちは否応なしに外国人教師の英語に真正面から立ち向かわなくてはならなかった。四期生・志賀重昂（後年『日本風景論』（一八九四）を著した人）は次のように回想している。

「札幌の時代は漢學は殆ど廢止と云ふ有様で、諸科目の教授、答案、毎日の教課は固《もと》より、討論會などに至る迄専ら英語を用ひ、同窓生中には、學校へ差し出す支給品の請求書すら、英語を用ひた程」（『中學世界』一九〇六・三）

学生たちの毎日の生活は英語による生活であったのだ。

学生たちにとって大変な問題となったのは、授業後のノート整理だった。一期生・大島正健は、その苦労をこう回想している。

「諸学科の講義を聴取しながら英語で書き取るのであるから、満足な語學の教育は受けていなかったはずの學生達の日々の勞苦は筆舌に盡くしがたいものがあった。そして、教科書が皆無の時代であったからありとあらゆる學科をノートしなければならないので、寄宿舎で夜ランプをともして營む仕事は誰も彼も辞書と首引きでノートの穴埋めに全力をつくす次第であった。」（『クラーク先生とその弟子たち』一九三七）

また、二期生・宮部金吾は、

「教室では鉛筆で筆記し、自室に帰ってからその日のうちに学校から与えられたノートブックにインキできれいに浄書した」（『宮部金吾』一九五三）

と書いている。先の四期生・志賀重昂も、その日記『在札幌農學校第貳年期中日記』に「今日ハ農學ノ『ノート』を記スルニテ大勉々々」と誌している（一八八二年七月四日の項）。教師たちの苦労も並大抵ではなかったようである。大島正健は次のように書いている。「時折クラーク先生ご自身が廻って来て、不完全な學生達のノートを手に取って直してくださった。その苦労も一通りや二通りではなかった。」（『クラーク先生とその弟子たち』）学校から学生たちに支給され清書したというノートは、厚い表紙がついたぶあついもので、それらの一部分は、今も北海道大学図書館北方資料室に保存されており、彼等の苦しい勉学の跡をたどることができる。

(四) 日本の中のアメリカ

初期の札幌農学校で、英語英文学関係の授業を担当したのは次の五人の教師たちである。

- W.S. クラーク（William Smith Clark, 1826-1886. 一八七六年赴任、一八七七年離任）
- D.P. ペンハロー（David Pearce Penhallow, 1854-1910　一八七六年赴任、一八八〇年離任）
- W.P. ブルックス（William Pen Brooks, 1851-1938, 一八七七年赴任、一八八八年離任）
- J.C. カッター（John Clarence Cutter 1851-1909, 一八七八年赴任、一八八七年離任）
- J. サマーズ（James Summers, 1828-1891, 一八八〇年赴任、一八八二年離任）

このうち、最後のサマーズだけがイギリス人でそのほかはアメリカ人である。サマーズは予

開校当時のアメリカ人教師たち。左からカッター、ホウィーラー、ペンハロー夫人、ペンハロー、ホウィーラー夫人、ブルックス、ピーボディ

科の英語専任教師として採用され、併せて本科の「英学」（英語英文学）と「画学」を兼任した。アメリカ人教師たちはすべて本科専任の教師で、それぞれ、専門科目を担当したうえ、英語英文学関係の科目を兼担したのであった。

各教師の授業の内容を簡潔に誌しておく。W.S.クラークは「演説法」（エロキューション）を担当したが、大島正健によると、人の上に立つ者は弁舌がうまくなくてはならないと、シエークスピアの『ジュリアス・シーザー』のブルータスやアントニーの演説などをさかんに練習させ、ていねいに指導したという（前掲書）。

D. P. ペンハローの英語授業については、新渡戸（太田）稲造が校友会誌『蕙林《けいりん》』に寄せた文の中でふれているぐらいで他には資料がない。その記事によると、イギリスの詩人・トマス・グレー（Thomas Gray, 1716-1771）の詩 *Elegy Written in a Country Churchyard* などを授業でとりあげているようである。

W. P. ブルックスの英語授業の内容については、*Third Annual Report of Sapporo Agricultural College*（1879）に掲載されている試験問題から推定すると、文法・作文が中心であったようである。この人は、心を込めて学生を指導する熱心な教師であったようである。右にあげた校友会誌『蕙林』の一八九四年の号に、「常瑤居士」（太田稲造であるとされる）の名でこう誌されている。

「教場にて生徒等のあまりに學科出來ざる時は、——あはれ、いたはしき事なりしよ！——鼻をすりて、涙ぐみ玉ひ、且つ平素不勉強の学生輩は、後に殘していとも懇ろに説き聞かせられけり。」（「忘れぬ草」）

次にJ. C. カッターである。この人の英語の授業については資料が豊富である。いろいろな資料の記事を集約すると、文法・作文・文章表現法・手紙文から英文学までと、授業内容は幅広く、なかなかの教養人であったことがうかがわれる。新渡戸（太田）稲造は前記の『蕙林』に寄せた「忘れぬ草」に、博覧強記の人で英文学の講義は滔々と弁じた、と誌している。

ペンハロー，デイヴィッド・ピアス

ただひとりのイギリス人教師J. サマーズ（James Summers）については資料が豊富である。この人は、

ブルックス，ウィリアム・ペン

個性の強さもあってか、勤め先がよくかわり転々と日本各地の官立学校で教えた。そして、期待をになって札幌農学校に迎えられたのだった。なかなかの英文学者で、日本の高等教育機関で初めて英文学を講じシェークスピア作品をとりあげた人とされている。（重久篤太郎『日本近世英学史』教育図書、一九四一参照）

この教師の授業内容については、本人が札幌農学校の年報に寄せた報文のほか、志賀重昂・武信由太郎らの教え子たちが書き誌したものもあり資料は豊富である。

本科では、前記のように、四期生だけを教えたが、赴任後一年目の授業は、一年次の学生であることを慮ってか語学面の指導が中心となった。こうして英語の基本を教えた後、次の年度は同じクラスを持ち上がって、今度は英詩など文学作品を教材にして、しばしば暗誦をさせている。そのことに関連して武信由太郎の言を引いてみよう――

「入学後一年位して今のサマーズ嬢のお父さんが同校（札幌農学校）へ見えましたが、私共はマコーレーの *Lays of Ancient Rome*, ゴールドスミスの *The Deserted Village* やグレーの *Elegy* などをさかんに暗誦させられた。」（『英語世界』三巻一号、一九〇九、一）

以上、それぞれの教師たちの英語の授業内容をひととおり見たが、そこでは英語のリーディング・リスニング・スピーキング・ライティングなどすべての面のオール・ラウンドな訓練がおこなわれていたことがわかる。

このような正課の英語授業に関連して、寄宿舎でおこなわれた課外活動にふれておきたい。（当時この学校が全寮制であったことを忘れてはならない。）

いくつもの学生サークルが寄宿舎の中にできたが、注目すべきなのは、一八七六（明治九）年十一月に結成された「開識社」である。（設立にクラークが関わったとみられる。）

開識社は、わが国最古の学生サークルとされるが、これまでは、単に親睦を深めることを目的としたという見方がされてきた。当時の学生たちが書き誌した活動記録『開識社記録』が現存し活字化されている（『北大百年史』・資料編）が、その記録をひもといてみると、英語による討論やスピーチが一つの目的となっていたことがよくわかる。

J. C.カッター　札幌農学校時代

『開識社記録』の中から、二期生・内村鑑三、太田稲造、佐久間信恭の三人が開識社でおこなったスピーチのテーマを抜き出してみるとこのようになる。

K. Uchimura

- "Great results can not come from accident and opportunity but from hard labors"（1877. 10. 28）

- “Rise and progress of the nation” (1878. 3. 23)
- “My struggle in Sapporo and its result” (1878. 6. 8)
- “Importance of many scientific persons in Japan” (1878. 10. 6)

I. Ota

- “Religion and Superstition” (1877. 10. 6)
- “Pledge should not be violated” (1877. 11. 3)
- “Mountain of knowledge” (1878. 2. 9)
- “The influence of domestic habits” (1878. 5. 4)
- “Work greatly needed in Hokkaido” (1878. 10. 6)
- “Where there's a rose there's a thorn” (1879. 2. 8)

N. Sakuma

- “Distinction between man and animals” (1877. 10. 6)
- “Declaration of American Independence” (1878. 2. 9)
- “Envy and its effects” (1878. 4. 20)
- “Friend as regards its duty” (1878. 10. 6)
- “Industrial education” (1879. 3. 29)

このような記録をよく見ると開識社は、正課の授業で学習し訓練された英語をさらに練習し実地に運用する格好の場となったことがよくわかる。

この節を終える前に、また新渡戸稲造になるが、彼の英文の一通の手紙（『新渡戸博士文集』一九三六所収）から引用して、明治十年代の、まだ一校しかなかった帝国大学での英文学などの授業の一端を垣間見てみよう。（ちなみに、新渡戸は一八八一年に農学校を了え開拓使御用係・札幌農学校豫科教官を経て一八八三年東京大學文科大學へ入学した）

I am getting disgustful of instructions in the University. I thought I can learn very much in it; but no! there are plenty of books, but not plenty of good teachers. Toyama can't teach English very well. We are studying Hamlet: he jumps over many places as too difficult. Cox is simply an old fashioned true-to-rules-of-syntax grammarian. I don't think very highly of his corrections of our essays. He is a man of not much idea.（1884, April 20）（矢内原忠雄『新渡戸博士文集』一九三六所収）

この手紙を宛てたのは、親友・宮部金吾である。この英文の中の新渡戸自身の文法の誤はご愛嬌であろう。Toyamaとは、英吉利文學科主任教授・外山正一《とやままさかず》（一八四八－一九〇〇）、Coxとは William D. Cox（1844-1905）のことである。

新渡戸稲造は、このような不満をいだいて同校を退学しアメリカ留学に旅立つ。後年、札幌

農学校での英語の勉強を回想して、

Especially useful to them was the knowledge of English, which enabled them to gain access to an inexhaustible store of knowledge. (Nitobe Inazo: *The Imperial Agricultural College of Sapporo, Japan*, 1893)

と誌している。この資料から、われわれが得ることができる情報は、東京大学文科大学の授業のマズサもさることながらそれよりも初期の札幌農学校の英語・英文学教育の質の高さであろう。

当時の札幌農学校の教室は、いわば「日本の中のアメリカ」であったのだ。そこから後年英語の達人たちが続出したのは、別に不思議なことでも何でもなく、必然的結果だったのだ。教育の結果ほどはっきり現れるものはない。

お雇い外人教師たちによる教育はしかし永くは続かなかった。このあと、徐々に日本人教師と置き換えられていくことになるのである。(二〇一四・四・六)

三

図書館の英書と鑑三・稲造たち

札幌農学校初代教頭W.S. クラークは開拓長官への報文に次のように書いている。(*First Annual Report of Sapporo Agricultural College*, 1877)

"A large number of new library and scientific works are almost indispensable for the use of both professors and students. Books are their implements, without which they can do but little."

この文章から、クラークが図書館の蔵書の充実に力を入れたことが窺われる。

この学校が開校されたのは、一八七六(明治九)年八月であるが、図書館の閲覧室(当時は「読書房」と呼んだ)は、その一年後にはじめて使用に供された。一八八〇(明治十三)年からは、一期卒業生で予備科教授であった大島正健が洋書の係を担当した。

さて、図書館に収められた図書はどのように用いられたのだろうか。『札幌農黌第二年報』(札幌農学校の報文、一八七八年刊)に、「此等の書籍ハ多クハ参考書及ビ授業用ニ供スベキ課業書ナリ」と、その目的や性格がはっきり書かれている。また、「文庫規則」（『第二年報』所収）の第二條に次のように定められている。

「諸課要用ノ課業書ハ其課業ニ従事スベキ一期間ヲ限リ之ヲ貸渡スベク其課業ノ大試驗ヲ終ル後ハ直ニ之ヲ返納スベシ」

「大試験」とはその科目の授業終了後の試験のことであろう。

英文の第一年報（一八七七年刊）に、その一年間に図書館に収められた英書のカタログが載っている。（この一年間に相当数の英書が一挙に収められ、その後は少しずつ追加されてゆく）

一九七七（昭和五十二）年に私は、北海道科学研究費の交付を受けて調査をおこなった（札幌大学外国語学部『文化と言語』一九七八に調査結果を発表）が、その結果からデータをあげてみると、英書の総冊数は三、二二〇冊（一部ずつの総冊数では八四三冊）であった。総冊数が最も多いのは語学関係で九〇九冊だが一部ずつの冊数にすると三十七冊である。つまり教科書に使うために同じものがたくさんの部数そろえられたのである。数学・物理・化学関係が総冊数六八〇冊、一部ずつの冊数は一一八冊、地理・紀行・風俗関係は総冊数四四三冊、一部ずつにすると九十六冊、歴史関係は、総冊数四一四冊、一部ずつにすると八〇冊、工学・鉱工業・技術関係は総冊数二二九冊、一部ずつになると一九三冊である。文学関係は総冊数三十二冊で重複している本はない。

調査の結果、この学校の図書館に収められた英書を
（1） 教科書として使用するためのもの
（2） 学習の参考に供するためのもの
の二つの範疇に分けて考えることができることがわかった。

まず、教科書として使われた可能性が高いと思われるものから見てゆくことにする。『第一年報』のカタログを開いて、ダーッと並んでいるのは、S.G. Goodrich, G.P. Quackenbos, F. Wayland, N. Webster, M. Wilson など、日本英学史でおなじみの著者たちの書いた数々の教科書である。『第一年報』分では、

Goodrich, S. G., *Common School History of the World*　一九部
Goodrich, S. G., *History of Rome*　二三部
Goodrich, S. G., *History of Greece*　九部
Goodrich, S. G., *History of United States*　一六部
Goodrich, S. G., *History of England*　二六部
Goodrich, S. G., *History of France*　一九部
Quackenbos, G. P., *History of the United States*　一六部
Quackenbos, G. P., *Grammar*　三四部

Quackenbos, G. P., *First Lessons in Composition*　二〇部
Quackenbos, G. P., *Natural Philosophy*　四六部
Quackenbos, G. P., *Course of Composition and Rhetoric*　二〇部
Quackenbos, G. P., *First Book in Grammar*　八〇部
Quackenbos, G. P., *Primary History of the United States*　一六部
Wayland, F., *Elements of Political Economy*　八部
Wayland, F., *Moral Science*　一九部
Webster, N., *Royal Octavo Dictionary*　一五部
Webster, N., *Spelling Book*　一〇九部
Wilson, M., *First Reader*　一六一部
Wilson, M., *Second Reader*　八〇部
Wilson, M., *Third Reader*　四九部
Wilson, M., *Fourth Reader*　一〇部

以上が『第一年報』の分である。次に『第二年報』（一八七八年）分である。『第二年報』分では、最も多くの部数が収められたのは、

Parley, P., *Universal History*　六三部

である。『第三年報』（一八七九年）では、

Perry, A.L., *Elements of Political Economy*　一六部

が目立つ。

＊

さて、次に、学生・生徒（予備科）の学習の参考に供するためと見られる書物である。これらについては、同時代の他の高等教育機関、東京大学・東京開成学校との比較も試みることにしよう。

はじめに、文学関係から見てゆくことにする。

Shakespeare, Wm, *Complete Works of Shakespeare*, 13+1027pp.（第一年報）

Bunyan, J., *The Pilgrim's Progress, with a life of John Bunyan*, by Robert Southy, 93+348pp.（第一年報）

Byron, Lord, *Poems by Lord Byron*, 32+719pp., London（第一年報）

Milton, J., *The Poetical Works of John Milton*, with memoirs, explanatory notes, 24+581pp. London, 1868（第一年報）

Dickens, C., *Works of Charles Dickens*, New York, 1870（第一年報）

Dickens, C., *The Adventures of Oliver Twist*, 171pp., New York, 1876（第三年報）

Dickens, C., *Pickwick Papers*（第三年報）北大に現存せず

Talfourd, T.N., *Works of Charles Lamb*, 2 vols.（第三年報）北大に現存せず

Murphy, A., *The Works of Samuel Johnson, with essays on his life and genius*, 2 vols., 30+12+570pp., 699pp. New York, 1873（第三年報）

Longfellow, H.W., *Poems of Places*, 29 vols., Boston, 1877-79（第四年報）

Longfellow, H.W., *The Poetical Works of Henry Wadsworth Longfellow*, 363pp., Boston, 1871（第四年報）

Tennyson, *Poems*（第四年報）北大に現存せず

これらの文学関係の英書のうち東京開成学校図書館に収められたものは皆無である。（『東京開成学校文庫書目英書之部』一八七五による）同校は一八七七（明治十）年四月東京大学法理文学部となったのだが、東京大学図書館の場合はどうだろう。『東京大學法理文學部圖書館英書目録』（一八七七年九月）をくまなく捜してみると、右の十二点のうち六番目の *Oliver Twist* が見える。なお、はじめの Shakespeare 全集は別の版が入っている。

次に、語学関係である。七点のうち三点だけあげる。

Johnson, S., *A Dictionary of the English Language*（第一年報）北大に現存せず

Roget, P.M., *Thesaurus of English Words and Phrases ; so classified and arranged as to facilitate the expression of ideas and assist in literary composition, revised by Barnas Sears*, 510pp., Boston, 1867（第一年報）

Webster, N., *An American Dictionary of the English Language, thoroughly revised, and greatly enlarged and improved, by Chauncey A. Goodrich and Noah Porter*, 72+1768pp., Springfield, Mass., 1872, 1873, 1974（第一年報）二十部（十二部現存）

開成学校にはこれらは皆無で、東京大学になってWebster辞書だけが収められる。この辞書は農学校図書館に二十部備えられたが、なかなか利用されたようである。内村鑑三の*HOW I BECAME A CHIRISTIAN: OUT OF MY DIARY*（1895）には、内村ら七人の学生が各自の洗礼名を選ぶのにその付録を調べたことが書かれている。

経済学関係では二点だけあげる。

Smith, A., *An Enquiry into the Nature and Causes of the Wealth of Nations*, 781pp., New York, 1877（第一年報・第三年報）

Mill, J.S., *Principles of Political Economy, with some of their applications to Social Philosophy*, 2 vols., 616pp., 13+603pp., New York, 1872（第一年報）二部

アダム・スミスの主要著書が二度収められていることに注意したい。これらは、さすがに開成学校にも収められている。

政治・哲学・倫理・思想関係からはJ.S.ミルの四点とエマソンの一点とをあげよう。

Mill, J.S., *Considerations on Representative Government*, 8+141pp., London, 1867（第一年報）

Mill, J.S., *On liberty ; the Subjection of Women*（第一年報）北大に現存せず

Mill, J.S., *A System of Logic, ratiocinative and inductive : being a connected view of the principles of evidence and the methods of scientific in-vestigation*, 13+600pp., New York, 1869（第一年報）

Mill, J.S., *Utilitarianism*, 96pp., London, 1871[4]（第一年報）

Emerson, R.W., *Representative Men*, 285pp., Boston, 1850（第三年報）

これらのうち開成学校に収められたのは*On Liberty*と*System of Logic*だけで、東京大學になって*Utilitarianism*が加えられている。前掲の*HOW I BECAME A CHIRISTIAN*の記述によると、一期生の佐藤昌介らが当時J.S.ミルを読んでいたという。（佐藤昌介は後に農業経済学を専攻する。）

歴史関係では二点をあげる。

Macaulay, T.B., *The History of England ; from the accession of James the Second*, 4 vols., 23+394pp., 8+359pp., 8+413pp., 391pp London, 1864-65（第二年報）

Gibbon E., *The History of the Decline and Fall of the Roman Empire*, 6 vols., 30+593pp., 14+593pp., 16+643pp., 15+636pp., 14+604pp., 16+623pp., Boston, 1862（第一年報）

これらは、さすがに開成学校書目の中に含まれている。

最後に、自然科学分野から二点ダーウインの本をあげよう。

Darwin, C., *On the Origin of Species by Means of Natural Selection*, 447pp., New York, 1851[5]（第一年報）

Darwin, C., *The Variation of Animals and Plants under Domestication*, 2 vols., New York, 1876[2]（第三年報）

これらは開成学校書目には含まれていないが、東京大学英書目録にはともに含まれている。

以上、学生・生徒の学習の参考に供するために札幌農学校に収められたとみられる重要と思われる英書を調べてみたが、東京開成学校・東京大学の蔵書に勝るとも劣らないだけの書物を収めていたと云えそうである。

それでは、これらの第二の範疇の書物、つまり「学習の参考に供するため」の書物は、実際に学生たちにどのように利用されたのであろうか。二期生新渡戸稲造・内村鑑三の二人について具体的事実を見てみよう。

卒業直後から図書館の洋書の係も兼ねた一期生の大島正健は、新渡戸について「彼は恐ろしい読書家で英語を最も得意とし、在学四年の間に図書館にあった英書は理学関係のもの以外は殆どすべてを読破したと言われるほどであった。」（『クラーク先生とその弟子たち』）

と回想している。農学校の図書館に収められていた英書が国際人・新渡戸を形成していったのだ。シェイクスピア、エマソンの書など当然読んだのであろう。新渡戸の回想の中にこう誌されている――。

「見るものは皆 primitive なもので自然其物であった。…一寸《ちょっと》散歩しても人の子一人居ないで実に閑散…牧場にロングフェローの詩集を持って野にヒバリの声を聞き自然力（ママ）の偉大な力に接す。」（『恵迪寮史』一九三三年）

農学校図書館であったロングフェローの詩集などが、新渡戸の日常生活にとけ込んでいたのだ。

次に内村鑑三の場合である。内村が歴史を愛好したことはよく知られている。ギゾーの『文明史』やギボンの『ローマ帝国衰亡史』は内村の愛読書であったが、先に見たようにギゾーの『文明史』は教室で授業に使われたと見られるし、ギボン『ローマ帝国衰亡史』全六巻は、内村の入学時にはすでに図書館に収められている。内村の英文著書 *HOW I BECAME A CHRISTIAN: OUT OF MY DIARY*（1895）の一節に、当時『ローマ帝国衰亡史』から学んだと見られる固有名詞が出てくる。――

「わが基督信徒学士たち（一期生をさす――著者）は彼等の家庭をもっていた、その数人が一つ屋根の下に住んで。彼等の巣は大農場のまんなかに人間どもの住まいから離れてあったので、我々は美しいゼノビアの都の名にちなんで、それを『荒野の都』とよんだ。」（鈴木俊郎訳『余は如何にして基督信徒になりし乎』岩波文庫版）

E.S. モース（一八三八―一九二五）によってダーウインの進化論は明治の日本に紹介され知識人に衝撃を与えることになる。内村鑑三の場合はどうであっただろうか。内村は、『種の起源』を自らの生涯と思想を決定した三つの書物の一つに数えている。

先に見たように、内村が札幌農学校に入学した一八七七（明治十）年の八月にはダーウインの『種の起源』はすでにそこの図書館に収められていた。

東京では、一八七七年から一八七九年にかけて、E.S. モースが講義や講演で進化論の紹介につとめていた。一方札幌では、内村が『種の起源』の原書を熱心に読んでいたものと推定される。なぜなら、内村は一八八一（明治十四）年七月農学校を了え水産技師として社会に出るが、その年の十一月に札幌でキリスト教と進化論とについて講演をしているからである。

札幌農学校の図書館に収められたダーウインの書物は、北方からの新しい科学思想のこの国への導入につながる重要な意味をもつものであったと云える。新しい科学思想は北の果て札幌からも受容されていったのだ。

（札幌大学外国語学部『文化と言語』一九七八年発表した「札幌農学校旧蔵の英書について」を大幅に書き直したものである。）

四

英語学者・内村鑑三

内村鑑三（一八六一―一九三〇）は、その個人雑誌『東京獨立雑誌』第二十六号（一八九九・三）に、「最良の英語讀本（英譯聖書）」という論文を書いているが、その冒頭のところで

「余は唯英語學者として、英譯聖書なるものの純文學的に無比の價値を有するものなることを辨ぜんと欲す。」

と自らを「英語学者」と呼んでいる。

内村鑑三は、英文著作・聖書研究・評論・歴史研究・英文学の研究と紹介など、四十巻の大きな全集に収められるほど多方面にわたる厖大な業績をのこしているが、ほとんどすべての面について多くの詳細な検討がなされその結果がまとめられ公刊されている。一つ見逃せないのは、英語研究者としての内村鑑三であるが、その面についてはほとんど見すごされてきているように思われる。ここでは、英語学者・言語学者としての内村鑑三を見ることにする。

市河三喜博士は、「鑑三・稲造・天心の英文」というエッセイ（『文藝春秋』一九四六・七）の中で、

「日本の文化史上に名を残した程の人で、英文家といわれる人は、といへば先づ内村鑑三、新渡戸稲造、岡倉天心の三氏を推すに誰も異議はなからう。」

と述べたあと、内村鑑三の英文について次のように評価しておられる。

「その文体は後年多少洗練されて来たとはいへ、詰屈聱牙《きっくつごうが》な点は昔とかはらない。晩年はどうであったか知らないが、内村氏にあって英文は社会に対する自己の憤激を爆發させる道具に過ぎなかったといっても過言でない。随って文体の優雅とか措辞の修飾とかには全然関心がなく、ただ思った通りを最も強く効果的に世人に叩きつけ得るような文体を選んだ。……『サーター・レザータス』（衣裳哲学）を三十何遍も読んだという新渡戸氏の文章にはそれほどカーライル臭味なく内村氏のそれには時には紛々たるものがある。……内村・新渡戸・岡倉三氏の英文のうち、われわれが模範として學んでよいのは後二者である。直接英米の文豪を真似ようとしても、そこには越えがたいガルフ（大きな隔たり）があって、結局失敗に終ることは内村氏の英文がこれを示している。」

この文章では、もちろん、英語の学習者が手本とすべきなのは新渡戸稲造・岡倉天心の英文であることを強調されるあまり、こうした表現になったものと思われる。

この市河博士のエッセイを読んだ山県五十雄《やまがたいそお》（一八六九―一九五九）は、『英語青年』誌（一九四七・三）に「内村鑑三先生の英文論」という一文を寄稿している。山県五十雄は、内村鑑三が『萬朝報』の英文欄主筆をつとめていた当時（一八九七・九八年）、内村鑑三の助手として働き、毎日英文の指導を受け、そこで英文記者としての信条をつちかわれたという。初めて自分の書いた記事原稿を示して指導を受けた時、

「これで結構だ。君の言はんと思ふことがよく書き表はされている。外人の間でもこれ程すらすらと一つの綴字の誤りもなく書ける者はそれほど多くはない。日本人の英文を読む外人はKing's Englishで書かれた美文名文を期待してはゐない。日本人が何を言はうとしてゐるか、如何なる思想を持ってゐるかを知りたい為に読むのである。文法がどうだの、修辞がどうだのと言ふのは英語の教師だけだ。何も遠慮することはない。どしどし思ふ存分書き給え。」

と激励した上、自分の著書 *HOW I BECAME A CHRISTIAN: OUT OF MY DIARY*（1895）について次のように語ったという。

「あれを米国で最初に出版した時、其文章についてかれこれ批難がましい事を言ったのは英語教師だけであった。米国の主要な新聞はそんな小さな事は問題にしないで、其内容について批評した。中には僕の文章がoutlandish（ふうがわり）であるが為に却《かえっ》て面白いと賞め

たのもある。」

英文による考えの発表ということについてこのような考え方をしていた内村鑑三であるが、英語という言語について、さらに、言語一般についてどのような見解を持っていたのだろうか。以下、内村鑑三が自らの個人誌である『東京獨立雑誌』に発表した「外國語研究の利益」「英語の美」「外國語研究の方法」の三つの論文（『外國語之研究』一八九九に収録）の内容を見てみることにする。

まず初めに、内村鑑三が言語というものをどうとらえていたか、そこから見てゆきたい。

「言語は思想の音聲又は字形に顯《あら》はれしものなり、故に人の思想に入らずして其言語を解する難し。而して言語を學ぶは其之に依て顯はるる思想を解せんが為めなり、…」

と、言語は人間の思想と一体のものであるとする。それゆえ、

「外國人の思想を其最善最美の点に於て探らんと欲せば、吾人は外國語の深き精《くわ》しき研究を要す。」

ということになる。言語の本質が的確にとらえられているのである。

外国人の思想は翻訳によって十分知ることができるから、外国語教育に多くの時間を充てるのは無益であるという議論が今日でも見られる。（藤村作と同じことを云う人が今もいるのだ）翻訳による、という方法について内村鑑三はどう考えるのだろうか。

「思想は之を表顕する言語其物に存するものなれば、其翻譯は如何に精確なる者なるも語を換へて想の真躰を他に通ずるは甚だ難し。是れ同根的言語に於てすら然りとす、矧《いわ》んや異根的言語に於てをや。」

翻訳ではカバーすることはできないとするのである。そして具体的にhome, gentlemanという語をあげ、homeに「家庭」という訳語を充てても原意の半《なか》ばを伝えるにとどまり、gentlemanには、充てるべき訳語がない、とする。彼我の語の中味が違うからだと説明する。さらに、sublime, imaginationという語をとり上げ、sublimeに対して「高尚（な）」「荘厳（な）」などの訳語は、いずれも無力であり、imaginationに対する「想像」には、原意の一斑《ぱん》も窺《うかが》い難い、としている。

それでは、内村鑑三は、外国語研究の目的を、結局どこに置くのであろうか。

「彼《か》の語を知らざるは彼を知らざる事なり、彼の語に通ぜずして彼と親密の交を結ばん事は殆ど出来得べからざることなり。外国語の智識より来らざる外交は表面的礼式に過ぎず、彼を信じ、彼に信ぜられ、心情の深き奥底に於て彼と共に永久の平和を結ばんと欲せば、彼の語に通じ、彼の想を解し、彼の感を以て我が感となさざるべからず。自國の語のみに満足する国民は畢竟《ひっきょう》するに攘夷鎖國の民たるを免れず。」

こう述べている。ここに見られるのは、外国語の研究は究極において、世界の平和に通ずるとする思想である。

ちなみに、他の箇所で、

「(外國語研究は) 吾人の脳力を鍛へ物に接して鋭く、事に處して敏ならしむ。」

と外国語研究の効用を説いている。今日、外国語教育の目的は知力を高めることである、と説かれるのをみることがあるが、決して新しい見解ではないのである。

さて、外国語研究の方法については、論文の冒頭で次のように述べている。

「吾人之を語学と稱するも言語は素是れ習慣にして學術にあらず、故に完全に之を學ぶの法は是に慣るるにありて、之を文法的に究むるに非ず、外国語研究の法は単に實習の一事に止まる。」(・は内村)

理論に傾斜する今日のわが国の英語教育界であるが、内村鑑三の見解に耳を傾ける必要はないだろうか。

次に、具体的に英語の表現法について述べている所に少しふれておく。ここでは二つの点について内村鑑三の所説を示すにとどめよう。

まずその一つ。

「成るべく簡潔の文字を撰んで、長き複雑なる語の使用を避くべし」

として

Japanese noblemen are very idle.

という英文を示し、'idle'という語の方が、'indolent'などの長い複雑な語よりも明白で力強い、と説明している。また

「文法的に評すれば、幾個の単文を接續するも不正ならずと雖も、冗長の文は常に明晰を欠くの憂あれば、成るべき丈け接續詞、關係代名詞、分詞等の使用を省くを可とす」

として二つの英文を示す。

Count Okuma is a very able statesman, but he being a lover of ease, and pendant puffer, can never command the respect and confidence of the people.

Count Okuma is a very able statesman. But he loves ease and is proud and talkative, and the people do not love and respect him.

はじめの文も決して悪くはないが、あとの文の方がさらに一層明晰であろう、と説明している（政治家批判が何とも痛快だ）。この指摘は初歩の学習者にとって重要なことである。平易な語を用いて簡潔に表現する方が、力強い良い英文になることは言うまでもない。日・英語を比べると、一般に日本語の方が接続詞を多用する。日本人の英文に接続詞が多用される傾向があるのはそのことの反映であるかも知れないが、そんなために、かえって明晰さを欠く結果になってしまう。

英語についての深い理解をもとにして正鵠を射たアドバイスをしているのである。内村の説明には説得力がある。

ちなみに、内村鑑三には『英和時事會話』（一八九九）という著書もある。

以上、内村鑑三の三つの論文の内容をかいつまんで紹介してみたが、ここで直接取り上げた論文を含む合わせて八編の論文をひもといてゆくと、一人の英語学者・言語学者のイメージが鮮明に浮かび上がってくる。言語（英語）についての深い専門的知識と鋭い洞察力をそこに見るのであり、今日なお新しい傾聴に値する見解が示されていることに驚かされる。なかなか、どうして大変な英語学者である。十分自ら「英語学者」と称するに足る人であったと言うことができる。

（大修館『英語教育』一九七九年一月号小稿に加筆したものであるが、一九八二年四月一三日付『朝日新聞』夕刊「研究ノート」欄に「内村鑑三の英語教育論」としてその要旨を発表した。）

五

荒川重秀と佐久間信恭の人生

(一) 荒川重秀のこと

荒川重秀は、札幌農学校一期生で、卒業生を代表して告別演説をした人であるが、世に忘れられ埋もれてしまった英学者である。

一九七二(昭和四十七)年、まだ若かった私は何かしらこの人の生涯に関心をもって、あれこれ調査をしてみたのであった。調査にとりかかる前に私が手にすることができたのは、昔のこの学校の同窓会誌に載っていた同期生・小野兼基という人が誌した「故荒川重秀君」という追悼文だけであった。(それには記憶違いによるとみられる誤りが少なくない。)

あれこれ資料を漁る日々が続いたが、ある日ふと、古い『人事興信録』をのぞいてみて、ご長男・大太郎氏がおられることがわかり、その古い住所とおぼしき町名・地番の所にお手紙を出すと、間もなく大太郎氏からご返事が来た。それからお手紙でいろいろと教えていただくことができた。残念なことにご一家は戦災で古い資料の一切を失われていたのだった。お訪ねする時間を見出せないまま時が過ぎて、お亡くなりになってしまった。まことに残念なことであった。

誤りをおかさぬよう不確実なところを取り除くと年譜に数年間の空白が一・二か所できる。それは致し方ない。

＊

一八五九（安政六）年三月江戸に生まれる。一八七二（明治五）年、東京に開校された開拓使仮学校入校、一八七五（明治八）年同校札幌へ移転、一八七六（明治九）年八月札幌農学校開校し一期生となる。

一八八〇（明治十三）年、札幌農学校卒業、卒業生代表として告別演説をする。開拓使御用係任官、勧業局に勤務する。札幌農学校初代校長・調所《ずしょ》廣丈の長女・岩と結婚。（同期生・佐藤昌介と競い獲得したという。）

一八八二（明治十五）年、開拓使廃止、農商務省御用係となる。三月、同期生・佐藤昌介とともに私費で渡米、米国各地を流浪・苦学。一八八三（明治十六）年、カナダ・ボストンでの「外国展覧会」（Exhibition）日本部委員をした。日本政府から佐藤昌介とともに年額六〇〇円の学費補助の通知を受ける。（二人は札幌農学校教授候補とされていた。佐藤昌介はその道を歩み、後年北海道帝國大學の初代総長を務めることになる。）

一八八七（明治二十）年春、欧米遊歴の黒田清隆（元開拓長官）一行のニューヨーク・ワシントン滞在中通訳を務める。一八八八（明治二十一）年十月帰国する。

在米の六年間にわたる日々を詳らかにする資料はないが、一八八八（明治二十一）年七月発行の『札幌同窓会第三回報告』の「会員移動」欄に、「荒川重秀君ハ米國テン子シー州カムバーランド大学法學部ニ於テ卒業シ法律學士（バッチュラー、ヲブ、ロー）並ニ代言免許状ヲ受領セリ同君ハ去ル六月二十一日同國を出發シ歐州ヲ経テ來ル十月初旬頃ニ歸朝スル旨報道アリタリ」と記載されている。

帰国した一八八八（明治二十一）年十月から一八九一（明治二十四）年十二月までの三年余りの間は経歴の空白期間であるが、その間に、在籍したカンバーランド大学に論文を提出しPhDの学位を得る。（後年、『演劇画報』誌にたびたび「哲学博士」の肩書きが付けられており、長男・大太郎氏の証言もある。）

さて、一八九二（明治二十五）年以降のこの人の経歴を駆け足でたどってみよう。

この年一月、最果ての地の根室新聞に主筆として入社するが一年と少しで退社、翌年東京の私学・育英黌の教頭となる。岳父・調所廣丈方に住み、翌年長男・大太郎出生。

前年一八九二（明治二十五）年、元開拓長官・黒田清隆（前記のように、黒田が渡米した折、荒川重秀はその通訳を務めたことがあった）が逓信大臣になると、開拓使時代その部下だった人たちが続々と逓信省に入るが、荒川重秀もその一人であった。一八九六（明治二十九）年逓信省司検官・管船標識課長・同省商船学校教授（後の東京商船大学）となる。商船学校で教えたのは英語である。（一八八九年から一九〇三年まで大阪勤務となっている。）一九〇四（明治三十七）年逓信省を退官、東京日日新聞社（毎日新聞社の前身）へ入って英文欄を担当したが、そこで同社文芸部の岡本綺堂（一八七二―一九三九）を知る。（前記の同期生・小野兼基によると、学生時代から演劇に関心が深かったという。）一九〇六（明治三十九）年には新劇運動が起こる。

さて、いよいよ一九〇七（明治四十）年五月二十五・二十六両日の原語によるシェイクスピア劇上演である。このことについては、すでにこの章のはじめにふれたが、舞台は東京神田三崎町（現・千代田区三崎町）。荒川重秀がシーザーを演じ、ブルータス役は青年歌舞伎俳優・沢村宗之助であった。主役の二人以外は中学校の英語の先生をかり集めたという。（新聞社はこの頃退社していたようである。）三〇年ほど前、札幌の教室でクラークが、上に立つ者は弁舌が立たなくてはだめだと、『ジュリアス・シーザー』のブルータスやアントニーの演説をさかんに練習させた（本章二節の四参照）ことが連想される。

東京座での『ジュリアス・シーザー』公演舞台写真。左がシーザーの荒川重秀、右がブルータスの沢村宗之助（復刻版『演劇画報』第１巻７号所載）

一九〇八（明治四十一）年、新派俳優・藤澤浅二郎が開いた東京俳優養成所の教授陣に加わり、英語を担当しシェイクスピアの『オセロ』などを教えた。（生徒の中に、後年アメリカで俳優として活躍した上山草人（一八八四–一九五四）がいた。）一九一〇（明治四十三）年、川上音二郎の大阪帝国座旗揚げに参加するため単身大阪に移り住み、俳優を本業とするようになる。翌る年一九一一（明治四十四）年の川上音二郎の急死は、荒川にとって何とも不運なことであった。その後は、劇団をつくり団長となって中国・四国地方を巡業したが、大太郎氏によると、シェイクスピア劇を翻案した脚本を書き上演したという。劇団の団長として一座を率いる生活が約十年続くが、ついにそこで劇団を解散することになる。そして、一九二二（大正十一）年（状況がよくわからず、少々唐突に感ずるのだが）、京都帝大法学部に入学する。（各地を巡業中の見聞から、農村社会改善が必要なことを痛感し、その方面で働くためには法律を知らなくてはならないと考えたのがその動機だったという。）

一九二五（大正十四）年、京都帝大卒業、六十七歳の法学士誕生であった。卒業後は、大学で学んだ知識を活用して、農村の青年男女に法律・政治・文芸等をわかりやすく講じた。（この章の一節冒頭の写真はその頃のものと思われる。）一九二七（昭和二）年の職名は「農村教育会主幹」であった。

そして、一九三一（昭和六）年三月、大阪で脳溢血（脳卒中）で倒れる。同年七月一日、東京小石川区西原町の本宅で死去、多摩墓地に葬られた。七十二年の生涯であった。

同期生・小野兼基の「小伝」がいうとおり、「千変萬化、波瀾曲折、実に尋常一様の生涯ではなかった」のだ。

河竹繁俊『日本演劇全史』（岩波書店、一九五九）早稲田大学演劇博物館編『演劇百科大事典』（平凡社、一九六〇）などに荒川重秀の名はとどめられてはいるが、荒川の業績については全く触れられてはいない。当然しかるべき時に正されねばならないだろう。

一八七七（明治十）年四月十六日、W. S. クラークが、使命をおえて故国に向って出発する時、荒川重秀が同期生たちとともに馬を駆って島松（空港のある千歳市の少し札幌寄り）の駅逓まで見送ったことは云うまでもない。

別れ際にクラークが学生たちに遺した決別の辞の冒頭の一句は今日でも有名であるが、荒川の生涯を師クラークの札幌での栄光の日々と帰国後の悲惨な運命と重ね合わせてみると、師弟の人生に相通ずるものを見いだす気がしてならない。（ちなみに、荒川重秀の長男・大太郎氏は一八九五年生まれ、逓信省工務局長、武蔵工大学長などを務め、一九七九年八十四歳でみまかった。）

（日本英学史学会『英学史研究』（一九七四）の小稿を全面的に書き直した。）

(二) 佐久間信恭のこと

札幌農学校三期生・佐久間信恭の愛娘・千代子は商業英語研究の苫米地英俊の妻となった人である。苫米地千代子（一八八九–一九八四）が九十歳となった一九八〇年に上梓した自伝『千代女覚え帖』（私家版、暮しの手帖社）は、波瀾に富んだ九十年の人生を綴った隠れた名著である。同書を手許において参照しながら三期生・佐久間信恭のことを書いてみたい。

佐久間信恭（一八六一–一九二三）は幕府旗本の家に生まれた。札幌農学校でむろんW. S. クラークの謦咳《けいがい》に直接接してはいない。同期生には、戦前の駐米大使・斎藤博の父親で、外務省翻訳官として名文を以て名を馳せた斎藤祥三郎がいる。

一八八二年札幌の学舎を出て気象台警報係になるが、間もなく福島県の若松中学校で英語を教えることになる。そこで旧会津藩士の長女を娶《めと》る。一八九〇（明治二十三）年には新島襄の同志社で英語と数学を教える。

少し先を急いで一八九一（明治二十四）年三月の熊本五高赴任に話を進めよう。千代子は一八八九年十一月生まれだから、まだ一歳を過ぎたばかりの乳飲み子であったはずだが、後年母親から聞いていたのであろう。「（父は）給料の三分の一を書籍の購入に充てていたそうで…」と誌している。

直情径行の佐久間は同僚・上司と衝突することが多く、そのために勤め先が変わることが少なくなかった人であるが、五高英語科主任であった佐久間の外国人教師・ラフカディオ・ハーンとの対立はよく知られている。

そのことが原因でハーンは辞職して熊本を去る。他方佐久間の方である。佐久間は、次には校長と衝突して、こちらも辞職するのである。「老いたる子供」という佐久間の人物評は、もう少々年月を経て、一九〇四（明治三十七）年『英語青年』誌に出たものであるが、千代子自身その評言を自伝の中に引いている。

さて、五高を辞職した佐久間は上京すると本郷西片町に居を定める。間もなく斎藤秀三郎の正則英語学校に出講するようになるが、そこでも斎藤とぶつかって辞める。一九〇二（明治三十五）年からは東京高等師範で教えるが、そこは一九一四（大正三）年まで、ちょうど十二年の勤めであった。辞職の原因は、主任教授・岡倉由三郎との衝突であったと伝えられる。

当時、本郷の佐久間のもとをしばしば訪れる人があった。若き日の喜安璡太郎（一八七六－一九五五）である。愛娘・千代子さんは書いている――「父の性質を理解して終始変わらず公私にわたって応援して下さったのは、英語の専門誌『英語青年』の喜安さんでした。月に何回か来訪されましたが、そのたびに玄関で『喜安てえます』と独特の口調で言われたのを懐かしく思い出します。」（前掲書）

喜安は、戦後『英語青年』誌を研究社に託して河口湖のほとりに退いてから、永きにわたった編集の思い出を『英語青年』誌に送り続けた。同誌の一九四七（昭和二十二）年八月号に載った一文にこう誌す――「私が明治三十七年『英語青年』に関係するようになった頃は佐久間先生は東京高師に出ていた。私はしばしば先生を訪ねて本のことを教えて戴いた。その時分いまの苫米地英俊夫人はよく私にお茶を出してくれたが十一、二歳であったかと思う。」

『英語青年』二十三巻十号（一九一〇年）に、「辞書を始めから終わりまで読むといわれるほど篤学」とあるが、そのことが佐久間が喜安を惹きつけて止まなかった理由であろう。佐久間の並外れた学問への愛が、ほかの英語人たちの語学上の誤りを看過することを許さなかった面もあったのかも知れない。喜安の最晩年の文章の中にこうある――「佐久間氏は英学界での大天狗で、容易に人を称揚しない。斎藤秀三郎氏でも岡倉由三郎氏でもけなしつけていたが、ひとり井上十吉氏ばかりは斯界の第一人者として尊敬していた。」(『英語青年』一九五五年六月号)

さて、一九二二(大正十一)年四月十五日大阪外国語学校が新設される。佐久間がそこの英語科主任として起用されることになり赴任する。だが、もう佐久間に残された時間は長くはなかった。僅か一年後佐久間は急逝する。享年六十二歳であった。

佐久間が遺した主な業績をあげよう。佐久間信恭編『会話作文和英中辭林』(一九〇四、郁文社)は、現代の和英辞典の趣きに近い最初の和英辞典であると専門家に評価されている(『日本の英学一〇〇年』明治編、一九六八、町田俊昭稿)。この辞書は、五年後さらに発展して、佐久間信恭・廣瀬雄共編『和英大辭林』(郁文社)となって世に出ることになる。

人間関係がまずく、人とうまくいかないことが多かった人であるが、立派な仕事をこの世に遺したのであった。

(二〇一四・四・八)

六

『英語青年』と札幌農学校の人びと

『英語青年』誌は、一八九八（明治三十一）年、『青年』という誌名で札幌農学校四期生・武信由太郎（一八六三—一九三〇）によって創刊された。英語独学の専門誌としてスタートし永い間文字通り英語青年たちの力強い頼りとされ続けたこの雑誌が、二〇〇九（平成二十一）年に百十年の歴史を閉じたのは残念至極なことであった。

『英語青年』誌の濫觴《らんしょう》の場は、札幌農学校四期生・頭本元貞（一八六二—一九四三）が創立したジャパンタイムズ社である。頭本元貞は、生前（一九三〇年）語っている——札幌農学校在学中すでに「英字新聞を発行して日本の国情を外國に紹介することを私の一生の仕事にしようと言ふ決心をしていた」（『英語青年』一九三〇・七）札幌農学校卒業から一二年経った一八九七（明治三十）年三月二十二日に、わが国で初めての日本人の手になる英字新聞を世に出して宿願を果たすのだ。

当時の社の陣容は、社長兼主筆・頭本元貞、助筆（副主筆）・武信由太郎で、ともに札幌農学校四期生であった。

二人は、同じ鳥取県人だったこともあって、愛知県中学校で相まみえて以来友情は続いてゆくが、札幌農学校では四年間寮生活を共にして、「殆んど兄弟も及ばざる關係で相援け合った」（『英語青年』頭本元貞稿、一九三〇年七月号）という。

頭本元貞が「動的」かつ「能弁」で、しばしば海外にも出かけた国際人だったのと全く対照的に、武信由太郎は、「静的」かつ「訥弁《とつべん》」で、一度も海外に渡ったことがないのは興味深い。

さて、『ジャパンタイムズ』創刊の翌る年一八九八（明治三十一）年に、武信由太郎の発意で『青年』がジャパンタイムズ社から発刊されるが、当時翻訳係として社内にあった勝俣銓吉郎（一八七二―一九五九）が、退社する一九〇二（明治三十五）年頃まで事実上編集を担当している。

武信由太郎（昭5『英語青年』63巻7号より）

これまでこの本にたびたび登場している喜安璡太郎が『英語青年』の編集を担当したのは、一九〇五（明治三十八）年からで、その年十月一日発行の第十四巻第一号が初めてである。喜安璡太郎自身が「(武信) 先生は明治三十八（一九〇五）年九月から経營発行一切を私に御移譲下さいました」(『英語青年』一九四四年六月号)と誌している。

武信由太郎・勝俣銓吉郎のあとを引き継いだ喜安璡太郎は、それまでの「時事英文偏重を改め、純然たる英語・英文学の雑誌として企画」(『英語青年』一九五六年四月号、小酒井稿)し、以後一九四四年四月まで、約四十年の長きにわたり『英語青年』誌の編集に精魂を注ぐことになる。

＊

ところで、喜安璡太郎と武信由太郎の出会いは、喜安璡太郎が新潟県高田中学校を辞職して上京した翌年・一九〇四(明治三十七)年のことである。その仲介の労をとったのが札幌農学校三期生の斎藤祥三郎であることは先に述べた通りである。

この斎藤祥三郎に喜安璡太郎を紹介したのは、高田中学校での喜安璡太郎の同僚であった近藤仙吉郎であった。近藤仙吉郎は斎藤祥三郎の従弟で、この人も札幌農学校出身で、十一期生である。

ちなみに、V章一節でとりあげた札幌農学校四期生・細川文五郎(一八六一—一九二六)は当時、新潟県立高田中学校の教頭・英語科主任を務めていたが、細川は、後に喜安璡太郎に乞われて『英語青年』に数回寄稿している。

『英語青年』誌は、草創期の札幌農学校と因縁浅からぬものがあったのだ。

（『英語青年』一九八八年五月号の小稿を書き改めたものである。）

七

達人たちから影響を受けた人びと

おしまいに、初期の札幌農学校出身の英語人と深く関わって強く影響を受けた人びとをひととおり見ておくことにしたい。

一期生・大島正健に直接つながりがある人に、星の英文学者・野尻抱影（正英《まさふさ》一八八五―一九七七）がいる。大佛次郎（野尻清彦）の兄である。この人は、その昔、大島正健が校長を務めていた甲府中学校に英語教諭として赴任する。そして後には、大島正健は野尻抱影の岳父ということになる。（『英語青年』一九五六年四月号野尻稿参照）

ちなみに、大島の甲府中学校長時代の生徒の一人に石橋湛山（一八八四―一九七三）がいたが、石橋は、「からだこそ小さかったが、物事にこだわらず、意気の盛んな豪傑はだの人であった。」と大島の人となりを伝えている。（『湛山回想』毎日新聞社、一九五一）

もう一人、大島正健のもとに一本の糸でつながると云える人に、明治中期の英米文学翻訳家・原抱一庵（一八六六―一九〇四）がいる。札幌農学校予備科に一八八六年に入学した。本名は餘三郎といい、出身地は福島県である。札幌農学校を中退した人であるが、同校豫備科在学中、大島正健の英語の授業を受け、大島の授業が抱一庵を文学の翻訳に向かうきっかけを与えたといわれる。（『恵廸寮史』一九三三、『近代文学研究叢書』七巻、一九五七）

この人の語学力が札幌農学校で培われたのは確かだと思われる。一八八八（明治二十一）年札幌農学校を退学するが、その三年後にはウィルキー・コリンズ（Wilkie Collins, 1824-1889）の *The Moonstone*（「月珠」）、*The Woman in White*（「白衣婦人」）などの翻訳を世に出している（それぞれ、『都の花』、『報知叢話』所収）。翻訳史上に占める位置はともかくとして、一時期に活躍した人であることは確かである。

二期生・内村鑑三の、英学上で影響下にあったと見られる人に小山内薫（一八八一―一九二八）がいる。後に内村鑑三から離れた人であるけれど、ここではどうしても取り上げておかなくてはならない。小山内は内村鑑三の個人誌『聖書之研究』（一九〇〇年創刊）の編集助手をつとめた。小山内は内村鑑三の門をたたいた五年後の一九〇五（明治三十八）年に「ホイットマンの戦争詩」を発表しているが、これは、独立した訳詩としてわが国で発表された最初のホイットマン詩であるという（亀井俊介氏）。

いま一人は山県五十雄《いそお》（一八六九―一九五九）である。すでにこの章の四節でふれたとおり山県五十雄は、内村鑑三が『萬朝報《よろず》』英文欄の主筆をつとめていた当時（一八九七-一八九八年）その助手をつとめ、毎日英文の指導を受け、そこで英文記者としての信条をつちかわれたという。

次に新渡戸稲造の影響を受けた人である。有島武郎は札幌農学校で新渡戸の教えを受けたというだけでなく、学生時代新渡戸邸に寄寓もしていたし、行き詰まりを打開するために渡米することを勧めたのも新渡戸稲造であった。新渡戸稲造の代表的英文著書が世に出た時期が有島武郎の在学期とほぼ重なることも、先輩にして師であった人から受けた影響が小さくはなかったであろうと思わせる。

四期生・斎藤祥三郎と英学上で繋がる人に、まず、その息・斎藤博（一八八六-一九三九）を逸することはできない。いろいろな人との関連で何度も触れたが、もう一度誌す。父と同様外務省に入ったが、外務省きっての語学力といわれた。日米関係が緊迫した折、駐米大使を務め、難局打開のため努力し彼の地で斃れた。米国政府は異例の措置をとって斎藤博の遺骸を軍艦で日本へ送りとどけた。英文著書 *Japan's policies and purposes ; selections from recent addresses and writings*, Boston, M. Jones Co., 1935 を遺している。

四期生・武信由太郎は包容力大きな人柄であったから、多くの人たちが周辺に集まりその指導を仰ぐのである。

早稲田大学商学部で武信由太郎の教えを受けた伊地知純正（一八八四—一九六四）は、身近に接し大きな影響を受けた人である。一九〇八（明治四十一）年 *Japan Times* の記者になるが、一九一三（大正二）年からは早稲田大学の教壇に立ち、商学部を発展させる。恩師のあとをうけて『英語青年』誌の和文英訳欄を担当し、永年にわたり英学生の指導にあたった。商業英語研究の業績も周知のことである。（*Business English*（1924）研究社がある）恩師同様、生涯英文ライターに徹した人であった。

『英和活用大辞典』の勝俣銓吉郎も身近に武信の指導を受けた人である。六章五節でふれたように、*Japan Times* 創刊当時武信と同じ部屋で親しく指導を受けたというが、そこで英文ライターとしての実力を養われたといわれる。一八九八（明治三十一）年、武信由太郎の発意で『青年』がジャパンタイムズ社から発刊されるが、前述のように一九〇二（明治三十五）年頃までは、事実上勝俣銓吉郎が編集を担当している。一九〇六（明治三十九）年には早稲田大学の教壇に立つようになり、定年退職する一九四三（昭和十八）年までそこで教えているから、当然そこでも永く武信由太郎と接触を保ったはずである。武信由太郎歿後は編集主幹として、研究社大英和を発展させた（『新和英大辞典』第三版、一九五四）。『英和活用大辞典』（一九五八）は、市河繁治郎編の『新編英和活用大辞典』（一九九五）が世に出るまで、永きにわたり英文を綴る人々の指針となっていた。この人の残した貴重な遺産であった。（あくまでも『英和活用大辞典』あっての『新編英和活用大辞典』であることを忘れてはならない。）

『英語青年』誌の名編集者・喜安璡太郎は一九〇四（明治三十七）年四月のある日、武信由太郎にまみえる。仲介の労をとったのが、札幌農学校の三期生・斎藤祥三郎であったことは前節で述べた。喜安璡太郎が編集を担当したのは、一九〇五（明治三十八）年九月からである。翌る年一九〇六年には、東京帝國大學文科大學にジョン・ロレンス（一八五〇-一九一六）が就任する。喜安璡太郎が『英語青年』誌の編集をはじめたのは、「英学」の時代から「英語・英文学」の時代に移行してゆく接点の時期であった。喜安はそのことを見抜いていて『英語青年』誌の方向転換をはかってゆく。そして、一九四四（昭和十九）年四月まで、約四十年の間、その編集に精魂を傾けるのである。武信由太郎をこの雑誌の「生みの親」とすれば、喜安璡太郎は「育ての親」であった。

一九一八（大正七）年『武信和英大辞典』が研究社から公刊されるが、その成立の陰に喜安璡太郎の献身的な協力があったのだ。研究社社長であった小酒井五一郎は書いている。

「後年、武信由太郎先生の和英大辞典編纂に当たり、喜安先生が数年に亘って献身的にこれに協力され、喜安先生あっての武信和英大辞典という感がしたが、喜安先生はすべてかつての武信先生の恩義に報いる為であるとして、武信先生の好意を辞退され、一切の報酬を受けられなかった。」（『英語青年』一九五六年四月号）

当時の『英語青年』の奥付を見ると、「編集人・武信由太郎、発行人・喜安璡太郎」となっている。右の事情とともに喜安璡太郎の心情が偲ばれる。

増田鋼（一八九〇―一九七〇）は、早稲田大学の学生として教室で指導を受けて以来永く武信由太郎の周辺にあった人である。「学生時代からすでに武信氏にみとめられて（『英語青年』の）執筆の手伝いをし、後には武信氏の名で『英語青年』に書いていたほどであった。」（『英語青年』増田鋼追悼記事、一九七〇年五月号）

学生時代から鉄道省時代（一九一九秋から二年間）にかけて『英文日本年鑑』も手伝っている。『英語青年』和文英訳練習欄の初の担当は、一九二六年二月である。戦後は一九六一（昭和三十六）年から伊地知純正のあとを引き継いでいるが、最後の担当は死去する直前の一九七〇年一二月号である。

母校・早稲田大学在職は三十九年の長きにわたるから、師・武信由太郎との接触は長く続いたはずである。勝俣銓吉郎亡き後、研究社『和英大辞典』の改定をすすめた（第四版、一九七三年）。

田中菊雄は、鉄道省で部下として武信由太郎の指導を受けている。武信由太郎は、鉄道省嘱託として英文関係の事務を監督指導する。（その職にあったのは、一九〇四年から二十六年間に及ぶ）田中菊雄が、鉄道省総裁官房文書課欧文係として勤務したのは、一九一九年から約二年間であるが、田中によると、当時武信由太郎は、毎日一時間そこで職員たちの英文を添削指導したという（田中菊雄『わたしの英語遍歴』一九六〇年）。

この時同僚として田中菊雄と机を並べていたのが、他ならぬ増田鋼である。田中菊雄も、やがて武信由太郎の『英文日本年鑑』を手伝うようになり、武信宅を訪ねるようになる。

長井氏晸《うじあきら》（一八七五―一九五四）も武信由太郎とつながりの深い人である。武信由太郎との関係は、三重県津中学で武信の教えを受けたことに始まる。一九〇六（明治三十九）年四月、『英語世界』（博文館）が創刊され、武信由太郎が主宰、長井氏晸が編集を担当した。この雑誌に二人は七年間かかわる。（『英語青年』一九五五年一月号）『武信和英大辞典』（一九一八）の編集には、もちろん加わって手伝っている。このように、この人は仕事の上で永く武信由太郎と接触を保つのである。

武信との関係以外の仕事では、一九一九（大正八）年に出版された、新渡戸稲造・坪内雄蔵・和田垣謙三監修『英和俗語・熟語・故事大辭典』（大阪・田中宋栄堂）がある。有名人の名が前面に出され、長井氏晸の名は表面に現れていないが、喜安璡太郎によると、「実は長井氏が主任となってやったものである」という（『英語青年』一九五五、一）この辞書は、今日内容が専門家によって歴史的に高く評価されている。（『日本の英学一〇〇年』昭和編、一九六八）

武信由太郎に繋がる人をもう一人だけあげる。上井《うえい》磯吉（一八八七―一九六八）は一九〇九（明治四十二）年早稲田大学高等師範部を了え、各地の中等学校で教えた後早稲田で教え、一九二六年から同校高等師範部教授になった。一九四九（昭和二十四）年から昭和女子大学教授。ロバート・サウジー『ネルソン伝』（一九二八、外國語研究社）、ハーマートン『ヒューマン・インタコース』（一九二二）などの訳註を出している。

以上、武信由太郎の影響下にあった主な人々をあげてみた。この人が、多くのすぐれた英語人を育てた功績は高く評価しなくてはならない。

武信由太郎と同じ四期生で武信と同じ鳥取県生まれの頭本元貞の許からは、勝俣銓吉郎、花園兼定（一八八六―一九四四）などのすぐれた英文ライターが育っている。勝俣銓吉郎については、武信由太郎との関係について先に述べたが、わが国英字紙の父・頭本元貞の影響も忘れてはならない。

これは、勝俣と花園のどちらにも関わることだが、勝俣銓吉郎によると、「頭本は別室に一人居り、むっつり屋で親しみにくい感があった。しかし、よい記事が出ると必ずその筆者をただし、後輩をはげますという点には十分意を用いていた」という。（『学苑』一九五三、一）やはり、勘所はおさえていたのだ。

花園兼定は、永く英文記者をした後、早稲田大学の教壇にも立った時事英語研究の草分けである。（堀内克明氏「時事英語の研究史」――日本時事英語学会誌（一九七一）参照）花園は、

頭本元貞に才能を認められ愛されたという。(同右『学苑』記事)
このように、札幌農学校草創期の英語人脈につらなる裾野は豊かに広がっているのである。
(二〇一四・四・一五)

Ⅷ章　日本の英語教育史をたどる

一 歴史の流れをどうとらえるか

歴史的記述のすべてに通ずることであろうが、英語教育の場合にも、その歴史の流れを考察してその結果をまとめることになると、結局、時期区分をすることに行きつく。時期を区分して一線を画すためには、当然それなりの必然性がなくてはならないはずである。その点で、これまでの英語教育史の記述ははたして十分であったと云うことができるだろうか。これまでの英語教育史の記述でおこなわれてきた時期区分は、少々機械的な区分に傾いているように見えるのである。

ただたくさんの事実を羅列しただけでは歴史記述とはいえないであろう。「木を見て森を見ない」という譬えもあるが、そのためにかえって散漫になって大きな「流れ」が見失われるおそれもある。一つ一つの事実の背後に一筋の太い「流れ」を見定めることが肝要であると思われる。

この章のねらいは、このような観点から明治以後の日本の英語教育史の流れをたどって、時期区分の大枠を考えることにある。考察の次の段階（より細かな分析）への足がかりとして、巨視的観点からパースペクティブを描くことである。

＊＊＊

日本の英語教育史の時期区分を考えてゆく場合、三つのことに特に留意する必要があると考えられる。前提として、まずそのことについて考えを述べておきたい。

その第一は、英語教育の流れの変化は、いわば量的変化と質的変化の二つの要素に還元することができる、と考えられることである。

たとえば、欧化思想が昂まり英語熱がたかまった、また逆に、国粋主義的風潮が強まり英語教育が下降に向かった、などの現象は量的変化としてとらえることができる。

また、新しい教授法が広くおこなわれるようになり教育方法が変わったとすれば、英語教育が質的に変わったということになる。

現実には、この二つの変化は同時に絡み合って起こることが多いかもしれない。しかし、複雑な現実の状況であっても、どちらの要素の方が際立っているか判断できることが多いのではないだろうか。

二つの要素のうち、質的変化の方を特に注意して見なければならないと考えられる。

留意すべき第二点。今日までの英語教育史の記述を見ると、新しい著作物が世に出たり、新しい教授理論が発表されたり、また、教育制度が変わったりした場合、それらがそのまま時期区分のめやすにされて、すぐそこに一線が画されることがあった。

そこの点については、新しい動きがどれだけ全体に滲透していったか、制度の変更後、はたして英語教育の流れが変わったかが見きわめられなければならない。新しい動きがごく小さな範囲にとどまり、全体の流れはその方向へ向って変わってゆかなかったり、制度の変更があっても英語教育の流れの方向が変わらないこともありえるであろう。

第三の点。わが国の英語教育史の記述は、多くの場合、中等教育と高等教育とに分けずに記述し、暗黙のうちに中等教育についての記述となっていることである。だから、英語教育史といえば即中等教育のそれである、という印象を与えてきたことは否めない。高等教育については、たとえ触れられていても、断片的な記述にとどまっていることが多く、歴史としては、実質的に欠落していると言ってよい。

このことは、あるいは、過去の時代には、高等教育の規模が中等教育のそれとは比較にならないほど小さかったという事情によるのかも知れない。あるいはまた、そこでおこなわれる英語教育のなかみに（第二次大戦後のある時点まで）あまり変化がなかったように見えるからかも知れない。

しかし、高等教育の英語教育ももちろん変化しないはずはない。時代の流れとともに高等教育機関の性格も変化するし、それに応じて教育のなかみも変化するからである。高等教育の英語教育も、それぞれの時代のさまざまな要因によって変化してきたはずである。

実際に英語教育の歴史の流れをたどってみると、中等教育と高等教育とでは必ずしも並行した変化をするとは限らないことに気がつく。現実がそうであるとすると、やはり中等教育と高等教育とを分離させて、別々に流れをたどることがどうしても必要になる。

以上、歴史をたどる仕事に入る前に、その前提となる基本的な問題を考えてみた。このような考え方で、これから具体的に英語教育の流れをみてゆくわけであるが、考察の範囲は、明治期から昭和期、つまり一八七〇年頃から一九九〇年頃までに限定する。

二　中等教育の流れ

はじめに、わたくしがこれまでに中等学校の英語教育の歴史を考えてきて、結果的にどのように時期区分するのが妥当であるという結論を得ているか、その時期区分を先にお示ししてみる。

①一八七〇（明治三）年頃から一九〇〇（明治三十三）年頃まで
②一九〇〇（明治三十三）年頃から一九四五（昭和二十）年頃まで
③一九四五（昭和二十）年頃から一九九〇年頃まで

区切りの年次は、あくまでも一応の目安で前後の幅を少々もつものとお考えいただきたい。

①期は、学制発布（一八七二：明治五年）以前から続く西洋文化移入の時代であって「英学」の時代である。（英学とは「蘭学」ということばと同じように、一般にこの時代に英語を媒介として習得された知識や技術の総体という意味である。）

この時期は三十年余りという永い間にわたるから、もちろん、その間の社会状勢の変化に応じて、英語教育には当然消長が見られる。この時期は、特に、欧化熱と国粋主義とが交錯する動きの激しい時代に当たっている。たしかに波はある。しかし、概して云えば、一般に英語熱が高かった時期であると云える。根底に外来文化の摂取という要求があって、英語の学習は、その手段として重視されたのであった。

三十年余りの間に、たしかに量的変化はあったと見られる。しかし質的にはこの間にあまり変化はなかったと考えられる。質的変化につながると見られる要因は、ほとんど見られないからである。

それでは、この時期の中等学校の英語教育はどのようなものであったのだろうか。

教科書はどうか。想像されるとおり、英語はもちろん、英語以外の学科も英語の原書（や翻刻本）が使用されることが多かった（初期と後期とでは多少事情が異なるが）。

教育方法はどうであっただろう。もちろん、ミッションスクールなど外国人教師がいる学校もあって、宣教師たちの活躍も目立っていた。（中央と地方の状況のちがいもある）。それらの学校の外国人教師たちが教えた教室では、話しことばに重点をおき、音声を重んずる教育がおこなわれていたことであろう。（それらの学校は当時の全国の中等学校全体から見ると九牛の一毛であったと云ってよいだろう。）

しかし一般の中等学校では日本人教師が教えたから、英語という、音声に多くを依存する言語の本質に反するひどい教え方をされたのであった。発音にはあまり注意をはらわず、漢文を返り点で読むような指導がなされた。ことに初期の頃には、今日から見れば、さながら暗号解読にも似た有様であったことだろう。

未知の知識や技術を学びとることが先に立てば、その向かうところ、ただひたすらに内容をとることになってゆくのも、必然のなりゆきであったのかも知れない。発音などをかえりみる暇《いとま》もなかったのだろう。とにかく西洋文明に追いつくことが教育のさし迫った目的であれば、方法を云々している余裕などなかったであろう。言語の本質などに思いが及ぶはずはない。ひたすら内容に直結する「訓読」に向かい、極端な translation method がとられるのである。だから、たとえ音声言語に重点をおいた、外国人の指導が得られる状況にあっても、訓読式指導に対する要求は根強いものがあったものと思われる。

当時、慶應義塾の卒業生が大変重宝がられ全国の学校によろこんで迎えられた事情もこのことと無関係ではないと思われる。明治前期の慶応義塾の英語教育は、どちらかと云うと、「変則英語」が中心であったからである。会田倉吉氏の調査によると、一八九〇（明治二十三）年以前における慶應義塾出身の教員は、山梨・奈良両県を除く全国に及び、少なく見ても延べ五〇〇人以上にのぼるという（『英語教育』一九六七年一月号）。そのことも、当時の中等学校の教室で「変則」的英語教育がさかんであったことの一つの傍証になるだろう。

要するに、①期の中等学校の英語教育のなかみは、概して言えば、「訓読」を教えることで、英語教育即「訓読」を教えることであったと云うことができるであろう。

私が一九〇〇（明治三十三）年前後をもって一線を画すのは、その前後で英語教育の流れの方向が変わっている、質的変化が起こっていると考えるからである。

すでに、知識や技術の摂取も着々と進み、文化が急速に高まってくれば、社会が教育に求めるものも、少しずつ変わってくるであろう。一つには、そのような英語教育の外の、いわば社会的要因の変化である。

それから、内的要因の変化も考えられる。暗号解読のような有様ですらあっただろう原始的な教育方法による時期が四半世紀（学制発布の時から見て）も続けば、その教育方法にもそろそろ反省の声が出てくるのは自然であろう。一八九七（明治三十）年からは英語研究史および英語教育研究史の上で重要な書物が相次いで出版される。

外山正一『英語教授法』（大日本圖書、一八九七）

斎藤秀三郎『實用英文典』（正則英語學校出版部、一八九八-一八九九）

内村鑑三『外國語之研究』（警醒社書店、一八九九）

神田乃武 *Intermediate English Grammar*（三省堂、一八九九）

Higher English Grammar（同右、一九〇〇）

English Grammar for Beginners（同右、一九〇〇）

片山寛《マッケロー》『英語發音學』（上田屋書店、一九〇二）

これだけ重要なものが次々世に出たのは、画期的なことであろう。これらの中で、内村鑑三『外國語之研究』については、この本のⅦ章四節で内容を詳しく紹介し、すぐれた書物であることを見ておいた。これらの書物は心ある英語教師たちを啓発したことであろう。

また、同じ頃、英語教育を専門とする重要な高等教育機関が相次いで創設されていることも見逃せない事実であろう。その多くが中等教員養成を主な目的とする学校であることに注意すべきである。

一八九〇（明治三十）年四月に、東京高等商業学校の付属校として外国語学校が設立され九月から授業が始まった。英語科では、書取、会話、作文、訳解、文法、修辞などが神田乃武《ないぶ》（一八六〇–一九二三）、マッケロー（R. B. Mckerrow, 1872–1940）らによって教えられた。同校は、一八九二（明治三十二）年四月に独立して東京外国語学校と改称され、神田乃武が校長となった。

一八九一（明治三十一）年には、東京高等師範学校に英語科が初めて独立した一つの学科として開設される。

一八九三（明治三十三）年、津田梅子によって、女子の英語教師養成を目的とする女子英学塾が創設されるし、一八九五（明治三十五）年になると広島に高等師範学校が開校する。ただ、これらの学校の開校が即中等学校の英語教育の進展とはならない。四年後に初めての卒業生が出て、彼等の中等学校での活動が始まるのを待たなくてはならないからだ。英語教育に重点をおく在来の私立高等教育機関の多くがこの頃拡充されたことも見逃せないことである。

②期になると、斎藤秀三郎（一八六六―一九二九）・神田乃武らの英語学者の著書が世に出て英語の学習を能率化させたが、英語教師たちも彼等の著書によって啓発されてゆく。前記の著作によって、教師たちは発音を重視しなければならないことを学んだであろう。そして「変則」的教授は正されなければならないことを認識させられたであろう。

この期に入ると、一般に、教室でおこなわれる訳読（翻訳）が以前の時期よりも質的に向上する、文法の知識が翻訳をより正確なものにさせてゆく。

当時の中等学校での英語教育の状況はどうであったのか、それをうかがわせる神田乃武・外山正一の発言にふれておきたい。

神田乃武の英文の論文 *English in Middle Schools*（雑誌『太陽』一八九六年二月号）は、神田乃武の教授法についての考え方を知る上で重要なものであるが、その中で、上級学校が入学試験に難解な英文を出題するため、中等学校では無理な教材を使用し、ただ翻訳に終始する傾向があることを指摘している。

外山正一も、『英語教授法』（一八九七）で、英語教育の「弊風の一つ」として、生徒の学力不相応の難しい教材を使用して、英語の授業が結局翻訳で終わっている傾向を指摘している。今日、大学入試が高校の英語教育を歪めているという指摘が機会ある毎になされてきているが、それは「古くて新しい」問題なのだ。

これらの二人の専門家の発言から、英語教育即（文法解説をともなう）「翻訳」作業、という当時の中等学校の英語教育の実態をうかがうことができる。

さて、この②期はかなり長期にわたるから、その間に、大小さまざまな起伏があるはずだ。まず取り上げたいのは、一九一一（明治四十四）年の岡倉由三郎『英語教育』（英語研究社）と、翌一九一二（大正元）年の市河三喜『英文法研究』（同）の出版である。

岡倉由三郎の『英語教育』は、英語教育の古典的名著である。正しい言語観に立って書かれたすぐれた啓蒙書である。先にあげた外山正一・内村鑑三・神田乃武などの著書の内容をさらに発展させ具体化させていると評価することができるだろう。当然、大きな反響をよび、熱意ある教師たちによって、そこに説かれている教育方法が教室で実践されたことだろう。しかし、それが grammar-translation method 中心の英語教育全体の方向を変えるだけの力をもったとまでは云えないだろう。

市河三喜『英文法研究』は、わが国に学問としての英語学の研究がはじまったことを告げる画期的な一書であるが、それが直接当時の英語教育に影響を及ぼしたか、となると否定的な答をせざるをえない。この書物の出版がわが国の中等教育段階の英語教育の方向に直接影響を与えたとはとても考えられない。

もう一つ、見逃すことができないのは、Harold E. Palmer（1877–1949）の活動（一九二二–一九三六）である。一九二三（大正十二）年の北海道・小樽での一週間にわたる講習会については、I章四節でとりあげたが、文部省顧問として、十五年間にわたって口頭練習を優先させる direct oral method を説いてわが国の英語教育改善のために盡力した。

パーマーのこの國での活動についての評価は、毀誉褒貶相半ばするようであるが、そのことはさておいて、その頃の英語教育の現実を伝える一つの資料がある。

パーマーの来日後二年余り経った一九二四（大正十三）年十月、英語教授研究所（後の語学教育研究所、一九二三年創設）主催の第一回英語教授研究大会が開かれるが、翌年の第二回大会に、文部省は、「中等学校における英語教授を一層有効ならしむる方法」について諮問する。その答申書のなかみは、当時の中等学校における英語教育の実情について多くを語っている。

そこには、とかく「訳解」を偏重する弊があること、そしてそれは旧制高等学校・専門学校の入学試験が「英文解釈」にもっぱら重きをおき、英語の運用力に少しも考慮を払っていないことによるところが大きいこと、が指摘されている。（桜井役『日本英語教育史稿』一九三六参照）学歴偏重の国日本では、昔から入学試験の圧力が学校教育に重くのしかかっていたのだ。また、英語教育の外側には、その頃すでに、遠からず英語教育を下降に向かわせる社会的要因が生じてきていたのである。

当時の社会状勢の中から出るべくして出たものであろうが（すでにこの本のⅣ章二節㈢で触れたが）、一九二七（昭和二）年には、藤村作の英語科廃止論が総合雑誌『現代』五月号に「英語科処分の急務」のタイトルで発表され大きな反響を呼ぶ。そして、これが英語教育が下降線をたどる直接のきっかけとなる。行き着くところ、太平洋戦争という英語教育にとって未曾有の苦難の時代へと至るのである。

これまで②期を概観してきたが、そこには、場合によっては変化に通ずる可能性をもつかも知れない、いくつかの要因があった。しかし、それらは中等学校の英語教育全体の方向を変える、質的転換をもたらすほどの力にはならなかったのだった。

②期を「文法・翻訳」の時期とまとめることができるだろう。

英語教育が質的に大きく変化して、流れの方向が変わってゆくのは、戦争の終結を待たなくてはならなかった。そこから③期がはじまる。

戦争の終結は、教育をとりまく周囲の状況を一変させる。突然の状況の変化に英語教師たちは戸惑い無力感におそわれたが、英語教育の行く手には希望の未来が望まれた。（戦後しばらくの間は混迷の時期であったのだが）

一九四九（昭和二十四）年には、ガリオア資金（GARIOA Fund）による英語教員などの渡米留学がはじまり、その二年後にはフルブライト制度に切りかえられて英語教員の渡米がつづく。もちろん、それはごく一部の教員たちではあったが、彼等は帰国後、アメリカで学んだ新しい教授法を実践し、同僚たちに伝えた。

科学技術の急速な発達は、航空機などによる交通や通信機器をめざましく発達させて、海をこえて交流は年々頻繁になる。

そういう状況の中で、当然のことながら、「役に立つ英語」をという英語教育に対する求めも当然高まってくる。英会話熱が高まってラジオ講座がさかんに放送・聴取される。

正しいことばの教育が求められ、「聞く・話す」という第一次技能を重視する英語教育が実践されることになる。新しい聴覚機器の開発がその推進力になったことは確かである。

はるか半世紀前に、外山正一の『英語教授法』や内村鑑三の『外國語之研究』などで説かれていたことが、全体に滲透しはじめる条件がととのったといえよう。

だが、入学試験という魔物が依然として行く手に立ちはだかっていて、それが大きな

stumbling blockになることは否定できない。ことに高校の英語教育でそうであった。

一九七九（昭和五十四）年の共通一次試験の開始が高校（延いては中学）の英語教育に何程かの影響は及ぼしたであろう。しかし、英語教育がそれによって大きく変化するというようなことはなかった。

これまで③期を見てきたが、「文法・翻訳」と「新教授法」が併存する時期とまとめることができると考えられる。

中等学校の英語教育の流れを検討して得られた結論は、このようになる。

①「訓読」期…一八七〇年頃から一九〇〇年頃まで

②「文法・翻訳」期…一九〇〇年頃から一九四五年頃まで

③「文法・翻訳、新教授法」期…一九四五年頃から一九九〇年頃まで

三　高等教育の流れ

高等教育機関での英語教育は、中等学校での英語教育とは様相がちがっていて、必ずしも並行した動きを見せてはいない。中等学校での英語教育は、流れがどちらかと云えば、動態的で変化が比較的はっきりわかるが、高等教育の場合は静態的で、変化がなかなかつかみにくい。高等教育の場合には、英語教育の内部から革新への動きが生じにくい、また、一部にそのような動きが生じても、それがなかなか外側に広がってゆきにくいことによるといえる。

その原因として考えられるのは、教育が個々の教師の研究活動と密接に結びついていて、一人一人の教師の独立性が強いという高等教育固有の性格である。そこでは、昔から、授業内容の学問的レベルこそ重要であって、教育技術が担うべき部分は小さいと考えられがちであった。これまでの英語教育史の記述が、高等教育については概ね断片的な記述にとどまったのも、このような事情と無関係ではないだろう。

高等教育機関での英語教育も、学制発布から今日まで一世紀余りの長きにわたって連綿と続いてきたわけで、たとえその内部からの革新の動きは目立たないとしても、その時々のさまざまな要因によって消長し変化を遂げてきているはずである。

単純に、事を教師個人の問題に矮小化して事足れりとすることはできない。改めてそのことばの教育としての流れをたどってみることが必要である。

＊

中等教育についてと同様に、はじめに私が考えた時期区分をお示ししてから、改めて教育の流れをたどってみることにする。私が考えた時期区分は次のようになる。

①一八七〇（明治三）年頃から一八八六（明治十九）年頃まで
②一八八六（明治十九）年頃から一九一一（明治四十四）年頃まで
③一九一一（明治四十四）年頃から一九五四（昭和二十九）年頃まで
④一九五四（昭和二十九）年頃から一九九〇年頃まで

区切りの年号は、中等教育のときと同じように、あくまでも目安で、その前後数年の幅があると見ていただきたい。

中等教育の場合と比較してみて云えることは、時期と時期の境目があまりはっきり見えてこないことである。②期と③期の間は比較的截然としているが、そのほかのところは、かなりの幅があって徐々に次の時期へ移行しているように見える。

それでは、順次それぞれの時期をたどってみることにする。

①期の英語教育の主役はお雇い外人教師たちであった。明治初年の高等教育は、時代の要請をうけて、海外の新しい知識や技術の習得を目的とした。明治政府は、そういう目的を達成するために、海外から（官立の）高等教育機関に教師を招いて教育に当たらせた。

一八七二（明治五）年の「御雇外國人一覧」によると、総数二一三人にのぼる。内訳は、イギリス人はそのうち一一九人を占め、以下フランス人四十九人、アメリカ人十六人とつづく。

当時の高等教育機関は、（学校によって状況のちがいはあったが）彼等の活躍の舞台であったわけで、知識や技術は大なり小なり外国語と結びついて習得されていった。

たとえば、すでにⅦ章で詳しく見たように、官立の農業関係の高等教育機関としてもっとも早く開設された学校の一つである札幌農学校では、開校当時、教師はすべてアメリカ人であった。すべての科目が英語で教えられたのはもちろんである。そこの教室は「日本の中のアメリカ」であったのだ。

そのような状況にあっては、語学の時間だけではなく、専門のすべての科目が同時に英語の勉強だったわけだ。学生たちは、英語を使わないでは一日も過ごすことはできないわけで、学生たちの英語の能力はいやが上にも伸びてゆくことになる。こうしてこの国の北の果てにおかれた農業学校から、大島正健・内村鑑三・新渡戸稲造・武信由太郎・佐久間信恭・頭本元貞などの英語の達人たちが続々と世に送り出されたのであった。

だが、札幌農学校のようなケースはまれなケースであったようで、たとえば、同じ時期の東京の駒場農学校や工部大学校などでは、Ⅶ章でみたように、日本人の通訳が外國人の授業に深くかかわっていたようである。

このように、外国人による授業であっても、学校によって教育のなかみにばらつきがあったのだが、いずれにしても、外国人が教室で日本人学生たちに教えたのは間違いのない事実である。

お雇外国人教師が高等教育機関の主役であった時期は、しかし、そう永くは続かない。近代的知識や技術習得のために、はじめは外国人お雇教師がどうしても必要であった。しかし彼等に支払われる給料が高く、政府の財政的負担が大きかったので、やがて、高等教育を卒《お》えた人たちを留学させて、彼等の帰国後外国人教師と入れ替えてゆく方向へ転換してゆく。お雇外国人教師の数は、一八七四（明治七）・七五（明治八）年頃をピークとして、その後は少しずつ減ってゆく。

一八八三（明治十六）・八四（明治十七）年頃になると、海外留学をおえた日本人教師が高等教育機関に多くなってくる。

だが、日本人教師が教壇に立つようになっても、しばらくの間は、どの科目でも英語の原書（または翻刻本）が教科書として使われる時期がつづく。まだ、教室では英語が多く使われ、以前と同じような雰囲気が支配した。

この期の英学は、科学技術の面にウエイトがかかっていたと云える。そのことが時代の要請であったのだ。

それでは、科学技術以外のところではどうであったのだろうか。当然のことながら、文学よりは、むしろ政治・経済の知識や啓蒙思想が求められてゆく。文学の方面でも、純文学よりは、むしろ処世訓的なものや政治小説などが求められたのであった。

一八七七（明治十）年に、東京大學が開設され文學部が設けられる。しかし、「文學部」という名に反してその教育内容は、実質的にはむしろ政治・経済が主体であった。このことも、当時は実際に役に立つものが求められていった、そういう時代思潮と決して無関係ではなかったのだろう。

以上、①期について述べた。いわば、英学時代前期とでも云うべき時期で、実際に役立つものが重んじられる時代であったと云える。語学は、知識や技術導入の手段として重要視された。知識や技術の導入という、さしせまった要求がお雇外人教師による教育という特別な状況を生んだわけだが、この時期は、英語教育史の上で重要な意味をもつ。この①期を「お雇外人教師」

期と名づけることにする。

①期から②期への移行は徐々に進む。一八七四・七五（明治七・八）年頃から一八八七・八八（明治二十・二十一）年頃にかけて、海外留学を終えて帰国した日本人が徐々にお雇外人教師にかわって高等教育機関の教壇に立つようになってゆき、次の期に移行してゆく。

②期のはじめは翻訳文学（特に英米文学）がいっせいに花開いた時期に当る。①期に見られた翻訳は、実際的なものや啓蒙思想を紹介するものが中心であった。すでに西欧の知識や技術の移入が相当程度進むと、文学を受容する客観的条件がととのったことになる。

②期に入ると、高等教育機関で教える英語教師を養成する学校が作られる。一八八七（明治二十）年には、一八八六（明治十九）年三月に公布された帝國大學令にもとづいて帝國大學が設置され、その文科大學に英吉利文學科が開設される。一八九〇（明治二十三）年には、東京専門學校に文學科が設置される。（同じ年、慶應義塾に文學科ができるが、まだ理財科が中心だった。）

ここで、明治二十年代（一八八七年—一八九六年）の帝國大學英吉利文學科を出た人たちの中で、卒業後高等教育機関の英語教師となった人たちの卒業年次と就任の年次を示してみよう。

夏目金之助（一八九三年卒業、同年東京高等師範学校）
土井林吉（一八九七年卒業、一九〇〇年第二高等学校）

上田　敏（一八九七年卒業、同年東京高等師範学校）
小日向定次郎（一九〇一年卒業、一九〇三年広島高等師範学校）
石川林四郎（一九〇三年卒業、同年東京高等師範学校）
厨川辰夫（一九〇四年卒業、同年第五高等学校）

後年には、研究者・教育者として一家をなす人たちとともに文学者としてすぐれた仕事をする人たちが目立つ。

それらの人たちは、英語教師であるとともに文人でもあったから、教室での指導も、自然、文学鑑賞的な方向へ向かったであろう。これらの教師たちの、周囲への影響力もまた大きかったであろう。

つき詰めて考えてみると、そのような、当時の高等教育機関での英語教育の姿は、むしろその頃の時代思潮の反映であると見ることができるのではないか。つまり、知識や技術という西欧文化（文明）のより実際的な方面での摂取を（ある程度まで）すませば、その次には、文学・芸術という精神文化の所産を求めるのは自然であると思われるからである。前の時代があまりにも実際的価値を重んずる時代であったことへの反動という要素があったのかも知れない。

高等教育には、ことに、時代思潮が敏速に反映すると考えられる。

一八九七（明治三十）年前後からは、英文学よりも大陸の文学が求められるようになってゆき、さらに、思索的傾向を強めドイツ哲学などが求められてゆくようになる。②期に当たる時代は、大胆に云うと、西欧の精神文化の受容ということがその時代思潮であったと云うことができるだろう。

英語教育に問題を限定して云うと、知識・技術導入の手段として語学がそれなりに重視されたとみられる①期と較べてみると、言語教育という面の比重の低下は、当然考えられることである。

もちろん、高等教育機関と云っても、その種別（高等学校・高等師範学校の各専攻学科、外国語学校、他の専門学校の各専攻別、大学の専攻課程別）によって一概には云えないが、一般には、やはり英語（英文学）の教室では文学書（や思想書）の講読が中心を占め、訳読が授業の主な内容であったようである。

なお、この期には、一般に英文学は学問的な研究の対象というよりは、鑑賞の対象とされるにとどまったと云える。その意味でこの②期はいまだ「英学」の時代であった。①期を英学前期とすれば、②期は英学後期である。この②期を「翻訳」期と名づけることができるだろう。

③期への移行の目安と考えられるのは、John Lawrence（1850–1916）の東京帝國大學への就任の年一九〇六（明治三十九）年である。その時点から数年後の一九一一（明治四十四）年頃からを③期とする。

②期の終わりの数年間は、いわば、英学の時代と英語・英文学の時代の接点の時期である。ジョン・ロレンスが文科大學の教師に就任すると、その指導のもとから、神保格（一八八三―一九六五）、千葉勉（一八八三―一九五九）、市河三喜（一八八六―一九七〇）、八木又三（一八七七―一九二六）などの英語学者や、土居光知（一八八六―一九七九）、澤村寅二郎（一八八五―一九四五）、佐藤清（一八八五―一九六〇）、斎藤勇《たけし》（一八八七―一九八二）、豊田實（一八八七―一九七二）などの英文学者が輩出して、この国の英語・英文学の学問的研究が進展する。一九一二（大正元）年には、市河三喜『英文法研究』が世に出て、日本に英語学の学術的研究がはじまったことを世に知らしめた。

③期になると、各種の高等教育機関が続々と開設される。私立の専門学校や大学専門部の開設は、すでに一九〇三（明治三十六）年頃から急増したが③期になっても開設が続く。官立では、すでに一九〇五年頃から高等商業学校や高等工業学校が全国各地に開校している。また、青山学院・明治学院・東北学院などのミッションスクールが専門部を開設するのは、一九〇三・四（明治三十六・七）年頃からであるが、ミッション系の学校の専門部開設は③期に入っても続く。

さらに、一九二六（大正十五）年までには、京都（一九〇九年）、仙台（一九二二年）、福岡（一九二四年）、京城（一九二六年）の各帝國大學に英文科が設置される。それらの英文科の卒業生たちが全国各地の高等教育機関の英語教師になってゆく。

③期は、一九五四（昭和二十九）年頃までと非常に永い間にわたり、その間大戦をはじめ、大小さまざまな起伏があることは云うまでもない。

また、学校の性格によっても一様ではなく、高等師範系の学校の英語科や外国語学校や、ミッション系の私学や少数の官立専門学校（一例をあげると、I章でふれた小樽高等商業学校）など、語学授業で訓練を重んじた学校もないわけではない。

いろいろな時点で消長があり、学校によっては例外もないわけではないが、全体的な流れは、その間ずっと、文学作品を中心とする「訳読」であったとみるのが、より正しい判断であるだろう。

もちろん、この③期になると、英語英文学の学問的研究が進められるようになったから研究の成果が教室の授業にも反映したであろう。

また、*COD*（1911）、*POD*（1924）、*NED*（1928）などのすぐれた辞書が次々と世に出て輸入され利用できるようになったことは、教室でおこなわれる解釈の質を高めることにつながったであろう。

第二次大戦中は、英語教育はほとんど空白に近い状態に追い込まれた。（戦争の進行につれて、ついには高等教育全体が機能停止の状態に追い込まれた。）

ここでも、流れの質的変化を重視するという観点から、大戦終結の時をもって一線を画すことはしなかった。終戦とともに混迷の中にも一部に新しい胎動がはじまったことは云うまでもない。しかし、英語教育全体の流れの方向が変わってゆくには、なおしばらく時間を要したとみるのがより正しい見方であると思われる。中等教育の場合よりも立ち直りに時間を要したのである。

一九四九(昭和二十四)年には、新制大学制度が発足する。また、その年ガリオア資金による英語教育関係者のアメリカ留学がはじまり、大学の教師たちも次々に海を渡る。一九五〇(昭和二十五)年には留学人数がふえるが、さらにその翌年には、フルブライト制度に切り替わって渡米する人数がいっそう増加する。彼等のアメリカでの研修成果が帰国後教室で生かされてゆく。

わが国の英語学研究は、アメリカの新しい言語学の流れに洗われて、従来あまり関心が寄せられなかった音声言語にも関心を向けるようになってくる。そのことが、やがて教室の授業にも波及し始める。

また、語学教育機器の開発も、次の時期に至るための条件の一つを準備した。一九五一(昭和二十六)年には、京都学芸大学(現・京都教育大学)にわが国初のランゲージラボラトリーが設置され、それ以後各地の大学・短大に設置されてゆくのである。テープレコーダーが教室へ持ち込まれるようになるのは、一九五三（昭和二十八）年頃からである。

こうして、しだいしだいに新しい時期へ移行する条件が整えられてゆく。

以上③期を見てきたが、この時期を「訳読」期とまとめよう。

大学の英語教育が流れの方向を変えてゆく一つのきっかけとなったとみられるのは、一九五六（昭和三十一）年に日経連から出された「役に立つ英語」の要望である。時あたかも、アメリカの言語学者、C. C. フリーズ（Charles Carpenter Fries, 1887–1967）、イギリスの英語学者・A. S. ホーンビー（Albert Sidney Hornby, 1898–1978）などの来日をみる。

先に述べたように、わが国の英語学は、すでに一九四九・五〇（昭和二十四・五）年頃に新言語学の洗礼を受けているが、一九五六（昭和三十一）年のC. C. フリーズの来日はその影響をいっそう強めるきっかけとなった。

こうして、しだいに動きが出てきて、次の時期へ移行してゆくのであるが、ここで同時に考えなくてはならないのは、高等教育機関そのものの性格の変化ということである。

すでに一九四九（昭和二十四）年には、アメリカの大学制度にならって新制大学が誕生している。しかし、高等教育機関の性格が実質的に変化してゆくには、もう少し時の経過が必要であった。

戦後今日まで、大学進学者（新学制施行以前は、高等学校・専門学校を含めて）が年々増加した。統計によって大学進学者の増加を見ると、一九五一（昭和二十六）年（旧制度の学生は、すでに大部分卒業しているとみられる）には、二八〇、九八五人であるが、一九七一（昭和四十六）年には、一、一四四、八九三人と約四倍に増加している。（『学制百年史』文部省、一九七二）

このような進学者のめだった増加は、結果的に大学そのものの性格を変えないではおかない。大学の大衆化である。当然教育内容も質的変化を余儀なくされるだろう。英語教育もその例外ではないわけで、いわば、大学の英語教育の内部にも「役に立つ英語」を志向する要因が生じてきたのであった。

以上見てきたように、大学の内と外に生じたさまざまな要因が英語教育の新しい流れを生み出していったのであった。

さきに触れたＬＬの設置は、その後、一九五九（昭和三十四）年頃までは足踏みの状態であったが、一九六〇（昭和三十五）年頃から急増をみる。

またこの頃から、新しい問題意識をもった英語関係の学会や研究会が次々に誕生する。実際面・教育面からの英語研究を目的とする研究団体が、大学教員が中心となって結成されて活動がはじまる。日本時事英語学会（一九五九年結成）、ランゲージラボラトリー協会（一九六一年結成、後に学会と名称が変る）などがそれである。

その頃から教材の多様化がみられるようになってきたことも見逃せない。文学の言語だけでなく、さまざまな分野の英語に目が向けられるようになってくるのだ。

④期は、「訳読」と「新教授法」による教育とが併存した時期と見てよいだろう。

以上、高等教育での英語教育の流れを見てきたが、終わりに、まとめをしておく。

①「お雇外人教師」期…一八七〇年頃から一八八六年頃まで
②「翻訳」期…一八八六年頃から一九一一年頃まで
③「訳読」期…一九一一年頃から一九五四年頃まで
④「訳読・新教授法」期…一九五四年頃から一九九〇年頃まで

(札幌大学外国語学部紀要『文化と言語』九巻二号所載の小稿「英語教育史の時代区分―日本英語教育史研究序説」を書き改めたものである。)

参考文献

浅野和三郎『英文學史』大日本圖書、一九〇七
安藤圓秀編『駒場農学校等史料』東京大学出版会、一九六六
郁文館学園『郁文館学園百年史』一九八九
石田憲次『ジョンソン博士とその群』研究社、一九三三
市河三喜『旅・人・言葉』ダヴィッド社、一九五七
市河三喜『訂正増補　英文法研究』研究社、一九二四
市川繁治郎編『新編英和活用大辞典』研究社、一九九五
伊藤整『若い詩人の肖像』新潮社、一九五六
岩波書店編集部編『近代日本総合年表第三版』岩波書店、一九九一
梅渓昇『お雇外国人――明治日本の脇役たち』日本経済新聞社、一九六五
逢坂信忢『クラーク先生詳伝』丸善、一九五六
大熊信行『文学的回想』第三文明社、一九七七

大島正健『クラーク先生とその弟子たち』宝文館、一九五八
岡倉由三郎『英語教育』英語研究社、一九一一年
荻野富士夫編『小林多喜二の手紙』岩波書店（岩波文庫）、二〇〇九
小樽高商史研究会『小樽高商の人々』北海道大学図書刊行会、二〇〇二
小樽商科大学『小樽商科大学百年史』二〇一一
小樽商科大学『人事記録』（原本）
小樽商科大学『緑丘五十年史』一九六一
勝俣銓吉郎編『英和活用大辞典』研究社、一九五八
神谷美恵子『生きがいについて』みすず書房、一九六六
亀井俊介『近代文学におけるホイットマンの運命』研究社、一九七〇
川澄哲夫編『資料日本英学史２・英語教育論争史』大修館書店、一九七八
河竹繁俊『日本演劇全史』岩波書店、一九五九
儀同保『獨學者列傳』日本評論社、一九九二
喜安璡太郎『湖畔通信・鵠沼通信』研究社、一九七二
舊工部大学校史料編纂会『舊工部大学校史料』同編纂会、一九三一
研究社社史編集室編『研究社八十五年の歩み』研究社、一九九二
研究社社史編集室編『研究社百年の歩み』研究社、二〇〇七
研究社編集部編『英語年鑑 1974』研究社、一九七三

研究社編集部編『英語年鑑 1976』研究社、一九七五
研究社編集部編『英語年鑑 1980』研究社、一九七九
校友會誌『蕙林』札幌農學校校友會、一八九四
語学教育研究所編『英語教授法事典』開拓社、一九六二
斎藤勇『イギリス文学史』（改訂増補第五版）研究社、一九七四
斎藤静『日本語に及ぼしたオランダ語の影響』篠崎書林、一九六七
桜井役『日本英語教育史稿』敞文館、一九三六
佐々木達・木原研三編『英語学人名辞典』研究社、一九五五
札幌同窓会『札幌同窓会第三回報告』一八八八
札幌同窓会『札幌同窓会第四十八回報告』一九二六
『札幌農黌第一年報』開拓使、一八七七
『札幌農黌第二年報』開拓使、一八七八
『札幌農黌第三年報』開拓使、一八七九
『札幌農黌第四年報』開拓使、一八八〇
『札幌農黌第五年報』開拓使、一八八一
志賀重昂『在札幌農学校第弐年期中日記』北海道大学図書刊行会、一九九八
重久篤太郎『お雇い外国人　教育・宗教』鹿島出版会、一九六八
重久篤太郎『日本近世英學史』教育圖書、一九四一

柴田徹士『英語再入門』南雲堂、一九八五
島村盛助・土居光知・田中菊雄共編『岩波英和辞典』岩波書店、一九三六
昭和女子大学編『近代文学研究叢書』七巻（一九五七）・十二巻（一九五九）、昭和女子大学近代文化研究所
鈴木俊郎他編『内村鑑三全集』岩波書店、一九八一―一九八四
清田昌弘『一つの出版史』トラベラー同人会、一九七九
『創基五十年記念　北海道帝國大學沿革史』北海道帝國大學、一九二六
高梨健吉・大村喜吉編『日本の英学一〇〇年・昭和編』研究社、一九六九
高梨健吉・大村喜吉編『日本の英学一〇〇年・大正編』研究社、一九六八
高梨健吉・大村喜吉編『日本の英学一〇〇年・明治編』研究社、一九六八
高梨健吉・大村喜吉編『日本の英学百年・別巻』研究社、一九六九
高梨健吉・大村喜吉・出来成訓編『英語教育史資料』東京法令出版、一九八〇
田島伸吾『英語名人河村重治郎』三省堂、一九八三
田中菊雄『わたしの英語遍歴』研究社、一九六〇
手塚英孝『小林多喜二』筑摩書房、一九五八
坪内逍遙『逍遙選集』第五巻、春陽堂、一九二七
東京高等商船学校編『創立六十年』東京高等商船学校、一九三六
苫米地千代子『千代女覚え帖』暮しの手帖社、一九八〇

外山敏雄『札幌農学校と英語教育』思文閣出版、一九九二
豊田實『日本英學史の研究』岩波書店、一九三九
長岡輝子『父からの賜物』草思社、一九八四
中川芳太郎『英文學風物誌』研究社、一九五〇
日本英学史学会『英学史研究』一九七一、一九七四、一九七六
日本演劇学会編『シェイクスピア研究』一九五一
日本音聲學會編『音聲の研究』第七輯、篠崎書林、一九五一
『日本近代教育史事典』平凡社、一九六二
日本近代文学館編『日本近代文学大事典』講談社、一九八四
日本史籍協会編『開拓使日誌』東京大学出版会、一九八七
濱林生之助『英國文學巡禮』健文社、一九三〇
濱林生之助『英語の背景』研究社、一九五九
平田禿木『チャールズ・ラム』研究社（英米文学評傳叢書）、一九三八
福田清人編『明治文學全集』第十八巻（一九六五）・第五十六巻（一九六七）、筑摩書房
福原麟太郎『チャールズ・ラム傳』垂水書房、一九六三
福原麟太郎『福原麟太郎著作集』研究社、一九六八－一九六九
藤井啓一『日本英語雑誌史』帝塚山学院短期大学研究年報、一九五三
細江逸記『ヂョージ・エリオットの作品に用いられたる英國中部地方言の研究』泰文堂、一九三六

北海道大学附属図書館編『開拓使外国人関係書簡目録』北海道大学図書館、一九八三
北海道大学編「札幌農学校史料（一）（二）」北海道大学（『北大百年史』第二・第三分冊）、一九八一
北海道帝國大學惠廸寮史編纂委員會『惠廸寮史』北海道帝國大學惠廸寮、一九三三
堀内克明「時事英語の研究史」（日本時事英語学会『時事英語研究』）一九七一
町田俊昭『三代の辞書』三省堂、一九七一
松隈俊子『新渡戸稲造』みすず書房、一九六九
緑丘会『緑丘』（伊藤整追悼号）小樽商大同窓会、一九七一
宮部金吾博士記念出版会編『宮部金吾』一九五三
村上濱吉『明治文學書目』村上文庫、一九三七
文部省『学制百年史』帝国地方行政会、一九七二
八木又三『英詩から見た 和歌形式論』裳華房、一九二〇
八木又三『英詩から見た 和歌形式論』金星堂、一九三四
八木又三『新英文法』裳華房、一九二三
矢内原忠雄編『新渡戸博士文集』新渡戸博士記念事業委員会、一九三六
柳田泉『明治初期翻訳文学の研究』春秋社、一九六一
吉川美夫『英文法詳説』文建書房、一九四九
吉武好孝『明治・大正の翻訳史』研究社、一九五九
早稲田大学演劇博物館編『演劇百科大事典』平凡社、一九六〇

渡辺正雄『お雇い米国人科学教師』講談社、一九七六
雑誌『朝日ジャーナル』一二月号、一九六三
『朝日新聞』十月二十九日付、一九八九
雑誌『英語青年』一八九八-二〇〇九、ジャパンタイムズ社・英語青年社・研究社
雑誌『英語文学世界』一九七四年三月号、英語文学世界社
雑誌『文藝春秋』文藝春秋社、一九四六
雑誌『別冊英語青年』研究社、一九九八

Gilchrist, Anne, *Mary Lamb*, W.H. Allen & co., 1883
Hokkaido-cho, *Sixth Annual Report of Sapporo Agricultural College*, 1888
Kaitakushi, *Fifth Annual Report of Sapporo Agricultural College*, 1881
Kaitakushi, *First Annual Report of Sapporo Agricultural College*, 1877
Kaitakushi, *Fourth Annual Report of Sapporo Agricultural College*, 1880
Kaitakushi, *Second Annual Report of Sapporo Agricultural College*, 1878
Kaitakushi, *Third Annual Report of Sapporo Agricultural* College, 1879
Lloyd, A. M., *The Gold Demon*, Vol. 1, 2, 3, The Yurakusha, 1905-1909
Nitobe Inazo, *Bushido: The Soul of Japan*, the Leeds & Biddle co, 1899（翌る年一九〇〇年に裳華房から再版された）

Nitobe Inazo, *The Imperial Agricultural College of Sapporo, Japan*, 1893
Okakura Kakuzo, *THE BOOK OF TEA*, Kenkyusha, 1939

〈その他参照雑誌・新聞〉

『内村鑑三研究』キリスト教夜間講座出版部、『英語世界』博文館、『学苑』昭和女子大学、『国民新聞』、『新聞研究』日本新聞協会、『中學世界』博文館、『女學雑誌』女學雑誌社（復刻版）、『東京日日新聞』、『東北大学教養部紀要』東北大学教養部、『日本演劇学会誌』日本演劇学会、『文学』岩波書店、『文藝界』金港堂、『北大季刊』北海道大学北大季刊刊行会、『北大百年史編集ニュース』北海道大学、『北海道毎日新聞』

〈図版資料所蔵先〉

北海道大学（図書館）北方資料室
大島正健『クラーク先生とその弟子たち』宝文館、一九五八
小樽商科大学『緑丘五十年史』一九六一
喜安璡太郎『湖畔通信・鵠沼通信』研究社、一九七二
旧小樽高商「卒業記念アルバム」一九二四
研究社社史編集室編『研究社百年の歩み』研究社、二〇〇七
『札幌農黌第一年報』開拓使、一八七七
竹友藻風『エッセイとエッセイスト』北文館、一九二七

田中菊雄『わたしの英語遍歴』研究社、一九六〇
日本英学史学会「大会記念写真」一九七〇
雑誌『英語青年』第六十三巻七号、第八十八巻十二号、研究社
雑誌『演劇画報』第一巻七号

[著者紹介]

外山敏雄（とやま　としお）
1933年５月北海道旭川市に生まれる。1957年３月小樽商科大学卒業、４月北海道公立高校英語科教諭となる。1969年４月江別市の酪農学園短期大学講師となり、同校助教授を経て1973年４月札幌大学女子短期大学部助教授となる。同校外国語学部助教授を経て1977年４月同教授となる。1979年４月茨城大学教授となり、現在同大学名誉教授。
主要著書：『現代英語の文法――統計的研究』（私家版、札幌天使院、1972）、『札幌農学校と英語教育』（思文閣出版、1992）

〈明治《めいじ》から昭和《しょうわ》まで〉
日本《にほん》の英語《えいご》教育《きょういく》を彩《いろど》った人《ひと》たち
© Toshio Toyama, 2015
NDC375 ／ x, 237 ／ 19cm

初版第１刷――2015年８月20日

著者――――外山敏雄《とやまとしお》
発行者―――鈴木一行
発行所―――株式会社 大修館書店
〒113-8541 東京都文京区湯島2-1-1
電話 03-3868-2651（販売部） 03-3868-2294（編集部）
振替 00190-7-40504
[出版情報] http://www.taishukan.co.jp

装丁者―――杉原瑞枝
印刷所―――三松堂
製本所―――司製本

ISBN978-4-469-24597-4 Printed in Japan
Ⓡ本書のコピー、スキャン、デジタル化等の無断複製は著作権法上での例外を除き禁じられています。本書を代行業者等の第三者に依頼してスキャンやデジタル化することは、たとえ個人や家庭内での利用であっても著作権法上認められておりません。